Александр Пушкин

Стихи о любви

Fremdsprachentexte | Russisch

Александр Пушкин
Стихи о любви

Aleksandr Puškin
Gedichte über die Liebe

Herausgegeben von
Gundela und Rainer Berthelmann

Reclam

RECLAMS UNIVERSAL-BIBLIOTHEK Nr. 19890

Gestaltung: Cornelia Feyll, Friedrich Forssman
Gesamtherstellung: Reclam, Ditzingen. Printed in Germany 2015

ISBN 978-3-15-019890-2

www.reclam.de

Inhalt

К Наталье

Pourquoi craindrais-je de le dire?
C'est Margot qui fixe mon goût.

Так и мне узнать случилось,
Что за птица Купидон;
Сердце страстное пленилось;
Признаюсь – и я влюблен!
Пролетело счастья время,
Как, любви не зная бремя,
Я живал да попевал,
Как в театре и на балах,
На гуляньях иль в воксалах
Легким зефиром летал;

[Motto] **Pourquoi craindrais-je ... mon goût:** (frz.) »Warum sollte ich mich fürchten, es zu sagen: Es ist Margot, die mich in ihrem Bann hält.« Zitat aus einer Satire von Choderlos de Laclos (1741–1803), dessen Werke, wie der Briefroman *Gefährliche Liebschaften*, auch in Russland en vogue waren. | 2 **Купидóн:** Cupido; der römische Gott der Liebe, auch Amor genannt. | 3 **стрáстный:** leidenschaftlich (страсть, f.: Leidenschaft). | **плени́ть** / пленя́ть (v./uv.): gefangen nehmen, fesseln, bezaubern (плен: Gefesseltsein, Bann; плени́ться/пленя́ться: gefangen, bezaubert sein). | 4 **признавáться** (-аю́сь, -ёшься) / признáться (uv./v.): bekennen, eingestehen (признáние). | **я влюблён:** ich bin verliebt; adressiert an die leibeigene Schauspielerin eines adligen Haustheaters, in die viele Lyzeumsschüler von Carskoe Selo verliebt waren. | 6 **брéмя:** Last, Bürde. | 7 **я живáл да попевáл** (uv.): ich lebte dahin mit einem fröhlichen Lied auf den Lippen. – да (poet.): und. | 9 **гуля́нье:** hier: Festlichkeit. | **иль:** и́ли. | **воксáл:** Vauxhall, Park mit Konzerthalle, Vergnügungsort; heute: вокзáл (Bahnhof). | 10 **зефи́р:** (hier zu betonen: зéфир) hier: Westwind.

Как, смеясь во зло Амуру,
Я писал карикатуру
На любезный женский пол;
Но напрасно я смеялся,
Наконец и сам попался,
Сам, увы! с ума сошел.
Смехи, вольность – всё под лавку,
Из Катонов я в отставку,
И теперь я – Селадон!
Миловидной жрицы Тальи
Видел прелести Натальи,
И уж в сердце – Купидон!

Так, Наталья! признаюся,
Я тобою полонен,

11 **во зло Аму́ру:** Amor zum Possen. | 13 **любе́зный:** liebenswürdig. | **же́нский пол:** das weibliche Geschlecht. | 15 **я попа́лся** (umg.): mich hat's erwischt. | 16 **с ума́ сойти́** (v.): den Verstand verlieren. | 17 **во́льность:** Freiheit, Ungezügeltheit (во́ля: eigener Wille, Freiheit). | **под ла́вку** (volkst.): weg damit (wörtl.: unter die Bank). | 18 **из Като́нов я в отста́вку:** ich bin kein Cato mehr (wörtl: aus den Catos in den Ruhestand); der römische Politiker Cato d. Ä. (234–149 v. Chr.) war bekannt für seine Moralstrenge. | 19 **Селадо́н:** Céladon, der sentimentale Held eines französischen Schäferromans aus dem 17. Jh., wurde im 18./19. Jh. zum Inbegriff des zu Frauen hinstrebenden Mannes. | 20 **милови́дная жри́ца Та́лья:** die liebliche Priesterin Thalia; in der griechischen Mythologie die Muse der Komödie und leichten Poesie. | 21 **пре́лесть** (f.): Anmut, Liebreiz (преле́стный: reizend, anmutig, bezaubernd). | 24 **полонённый** (alt., poet.): erfüllt, ergriffen.

В первый раз еще, стыжуся,
В женски прелести влюблен.
Целый день, как ни верчуся,
Лишь тобою занят я;
Ночь придет – и лишь тебя
Вижу я в пустом мечтанье,
Вижу, в легком одеянье
Будто милая со мной;
Робко, сладостно дыханье,
Белой груди колебанье,
Снег затмившей белизной,
И полуотверсты очи,
Скромный мрак безмолвной ночи –
Дух в восторг приводят мой!..
Я один в беседке с нею,
Вижу… девственну лилею,

25 **стыди́ться** (-жу́сь, -ди́шься): sich schämen, sich genieren (стыд: Scham; стыдли́вый: verschämt, schüchtern). | 27 **как ни верчу́ся:** was ich auch (den lieben langen Tag) mache. | 31 **одея́нье:** Gewand; Puškin schreibt hier in der Art zeitgenössischer erotischer Gedichte. | 33 **сла́достный:** wonnevoll (сла́дость: Süßigkeit, Wonne, Glückseligkeit; сла́дкий: süß). | 34 **колеба́нье:** hier: Erbeben. | 35 **снег затми́вшей белизно́й:** hier: (wie) Schnee von unvergleichlicher Weiße. | 36 **полуотве́рстый** (alt., poet.): halb geöffnet. | **о́чи** (poet.): Augen. | 37 **мрак:** Finsternis, Dunkel(heit); мра́чный: finster, düster, schwermütig. | **безмо́лвный:** wortlos, still, schweigsam. | 39 **бесе́дка:** (Garten-)Laube. | 40 **де́вственный** (poet.): jungfräulich. | **лиле́я:** ли́лия. Lilie; das Weiß der Blume symbolisiert bei Puškin Jungfräulichkeit und Reinheit.

Трепещу, томлюсь, немею…
И проснулся… вижу мрак
Вкруг постели одинокой!
Испускаю вздох глубокий,
Сон ленивый, томноокий
Отлетает на крылах.
Страсть сильнее становится,
И, любовью утомясь,
Я слабею всякий час.
Всё к чему-то ум стремится…
А к чему? – никто из нас
Дамам вслух того не скажет,
А уж так и сяк размажет.
Я – по-свойски объяснюсь.

Все любовники желают
И того, чего не знают;
Это свойство их – дивлюсь!

41 **трепета́ть** (-щу́, -е́щешь; uv.): zittern, beben (тре́пет: Zittern; тре́петный: zitternd, bebend). | **томи́ться** (-млю́сь, ми́шься; uv.) schmachten, leiden, sich nach etw. sehnen (томле́ние: Sehnsucht; томи́тельный: quälend, bedrückend). | **неме́ть:** verstummen. | 45 **сон:** Schlaf; Traum. | **томноо́кий:** mit müden Augen, schläfrig. | 46 **на крыла́х:** auf Flügeln; крыла́ als Plural von крыло́ ist eine poetische Pluralform statt des regulären кры́лья. | 48 **утоми́ться** (-млю́сь, -ми́шься; -млённый; v.): ermatten, ermüden. | 53 **а уж так и сяк разма́жет:** sondern es auf diese oder jene Weise mit blumigen Worten ausmalt (разма́зать: hier umg.: weitschweifig erzählen). | 57 **диви́ться** (-влю́сь, -ви́шься; volkst.): sich wundern.

Завернувшись балахоном,
С хватской шапкой набекрень
Я желал бы Филимоном
Под вечер, как всюду тень,
Взяв Анюты нежну руку,
Изъяснять любовну муку,
Говорить: она моя!
Я желал бы, чтоб Назорой
Ты старалася меня
Удержать умильным взором.
Иль седым Опекуном
Легкой, миленькой Розины,
Старым пасынком судьбины,
В епанче и с париком,
Дерзкой пламенной рукою

58 **заверну́вшись балахо́ном:** in ein weites Gewand gehüllt. | 59 **с хва́тской ша́пкой набекре́нь:** flott die Mütze schief auf dem Kopf. | 60/62 **Филимо́н / Аню́та:** Figuren aus einer damals populären Oper von Michail Sokolovskij (1756 – um 1796). | 63 **любо́вная му́ка:** Liebesqual. | 65 **Назо́ра:** Figur aus einer Oper von Antonio Sacchini (1730–1786); angespielt wird mit dem Namen hier vielleicht auch scherzhaft auf надзо́р: Beaufsichtigung. | 67 **уми́льный взор:** holder Blick. | 68 **седо́й:** grauhaarig. | 68 f. **Опеку́н / Рози́на:** опеку́н (Gen.: -á): Vormund. Der Vormund und Rosina sind Figuren aus der Oper *Der Barbier von Sevilla* von Giovanni Paesiello (1740–1816). | 70 **па́сынок судьби́ны:** Stiefsohn des Schicksals. | 71 **епанча́:** weiter, runder Mantel ohne Ärmel. | 72 **де́рзкий:** dreist (дерза́ть: sich erdreisten, wagen). | **пла́менный:** flammend, brennend (heiß). Dazu (hier jeweils im übertragenen Sinn der Leidenschaft): пла́мя (n.; Gen.: пла́мени) mit der poetischen Nebenform пла́мень (m.): Flamme; пламене́ть: entflammt sein; воспламеня́ть: jdn./etw. entflammen, entzünden.

Белоснежну, полну грудь…
Я желал бы… да ногою
Моря не перешагнуть,
И, хоть по уши влюбленный,
Но с тобою разлученный,
Всей надежды я лишен.

Но, Наталья! ты не знаешь,
Кто твой нежный Селадон,
Ты еще не понимаешь,
Отчего не смеет он
И надеяться? – Наталья!
Выслушай еще меня:

Не владетель я Сераля,
Не арап, не турок я.
За учтивого китайца,

77 **разлучи́ть** (-ённый; v.): trennen (разлу́ка: Trennung, Abschied). | 78 **лиши́ть** (-ённый; v.; + Akk., + Gen.): jdn. einer Sache berauben; лиши́ться (+ Gen.): etw./jdn. verlieren, einbüßen, entbehren. | 82 **сметь:** wagen. | 85 **владе́тель Сера́ля:** Gebieter über einen Serail (Harem); Bezugnahme auf Mozarts Singspiel *Die Entführung aus dem Serail* (1782). | 86 **ара́п:** Mohr, Schwarzer; das Wort mag zudem darauf anspielen, dass Puškins Gesichtszüge noch die Verwandtschaft mit seinem Urgroßvater Abrám Hanibál, einem Äthiopier, der als Page an den Hof Peters I. gekommen war, erkennen ließen. | **ту́рок:** Türke; angespielt wird womöglich auf Osmin, den Haremswächter in der *Entführung aus dem Serail.* | 87 **учти́вый кита́ец:** höflicher Chinese; Figur aus einer Märchenoper des Mitbegründers der russischen Oper Vasilij Paškevič (1742–1797).

Грубого американца,
Почитать меня нельзя,
Не представь и немчурою,
С колпаком на волосах,
С кружкой, пивом налитою,
И с цыгаркою в зубах.
Не представь кавалергарда
В каске, с длинным палашом.
Не люблю я бранный гром:
Шпага, сабля, алебарда
Не тягчат моей руки
За Адамовы грехи.

– Кто же ты, болтун влюбленный? –
Взглянь на стены возвышенны,
Где безмолвья вечный мрак;

88 **гру́бый америка́нец:** grober Amerikaner; Figur aus der komischen Oper *Die Amerikaner* von Evstignéj Fomín (1761–1800). | 89 **почита́ть** (за + Akk.): jdn. für etw./jdn. erachten, halten. | 90 **немчура́:** volkstümlich-herablassender Kollektivbegriff für ›die Deutschen‹. | 91 **колпа́к** (Gen.: -á): Zipfelmütze; zusammen mit dem Krug Bier und der Zigarre ein satirischer Seitenhieb auf die Figur des »deutschen Michel«. | 94 **кавалерга́рд:** Chevaliergardist; Angehöriger des berittenen Leibregiments der Zarin. | 95 **ка́ска:** Helm. | **пала́ш** (Gen.: -á): Säbel. | 96 **бра́нный гром:** Kriegsgetöse. | 97 **шпа́га, са́бля, алеба́рда:** Degen, Säbel, Hellebarde. | 98 **тягчи́ть:** beschweren, belasten. | 99 **Ада́мовы грехи́:** Adams Sünden. | 100 **болту́н:** Schwätzer. | 101 **сте́ны возвышённы** (poet.): возвы́шенные сте́ны: emporragende Mauern.

Взглянь на окна загражденны,
На лампады там зажженны …
Знай, Наталья! – я… монах!

(середина 1813 г.)

103 **заграждённый:** verschlossen. | 104 **лампáда:** Lampe, Öllämpchen (vor einem Heiligenbild). | 105 **монáх:** Mönch; der Poet vergleicht das Lyzeum in Carskoe Selo mit einem Kloster und sich mit einem darin eingeschlossenen Mönch.

Рассудок и любовь

Младой Дафнис, гоняясь за Доридой,
«Постой, – кричал, – прелестная! постой,
Скажи: „Люблю“ – и бегать за тобой
Не стану я – клянуся в том Кипридой!»
«Молчи, молчи!» – Рассудок говорил,
А плут Эрот: «Скажи: ты сердцу мил!»

«Ты сердцу мил!» – пастушка повторила
И их сердца огнем любви зажглись,
И пал к ногам красавицы Дафнис,
И страстный взор Дорида потупила.
«Беги, беги!» – Рассудок ей твердил,
А плут Эрот: «Останься!» – говорил.

[Titel] **рассу́док:** Verstand; das Gedicht ist im Stil französischer Madrigale des 18. Jh.s geschrieben, in denen die Begriffe »Verstand« und »Liebe« häufig figurierten. | 1 **Дафни́с:** Bezug auf den spätantiken Liebesroman *Daphnis und Chloë*, in dem zwei Liebende getrennt werden und später wieder zueinanderfinden. | **гоня́ться** (uv.; за + Instr.): jdm. hinterherjagen, nachstellen. | **Дори́да:** Doris; in der Schäferdichtung des 16./17. Jh.s gebrauchter Name aus der griechischen Mythologie, hier vermutlich auch der Alliteration mit »Daphnis« wegen verwendet. | 4 **не стать** (+ Inf.): etw. nicht tun. | **кляну́ся Кипри́дой:** ich schwöre bei Aphrodite; der Beiname Кипри́да bezieht sich auf die Insel Zypern (Кипр), wo diese griechische Göttin der Sage nach dem Meer entstieg. | 6 **плут Эро́т:** der Schelm Eros; der griechische Gott der Liebe, auch mit seinem römischen Namen Cupido (Купидо́н) genannt. | 7 **пасту́шка:** Hirtin; vgl. пастушо́к (Dim. von пасту́х: Hirte). | 10 **потупи́ть:** (den Blick) senken. | 11 **тверди́ть:** ständig wiederholen.

Осталася – и трепетной рукою
Взял руку ей счастливый пастушок.
«Взгляни, – сказал, – с подругой голубок
Там обнялись под тенью лип густою!»
«Беги! беги!» – Рассудок повторил,
«Учись от них!» – Эрот ей говорил.

И нежная улыбка пробежала
Красавицы на пламенных устах,
И вот она с томлением в глазах
К любезному в объятия упала…
«Будь счастлива!» – Эрот ей прошептал.
Рассудок что ж? Рассудок уж молчал.

(1814)

15 **голубо́к:** Täubchen. | 16 **обня́ть** / обнима́ть (v./uv.): umarmen (объя́тие: Umarmung). | **ли́па:** Linde. | 20 **уста́** (Pl.; alt.): Lippen, Mund. | 22 **любе́зный:** hier: Geliebter. | 23 **прошепта́ть:** vorflüstern; шепта́ть / шепну́ть (uv./v.): flüstern; шёпот: Flüstern.

Красавице, которая нюхала табак

Возможно ль? вместо роз, Амуром насажденных,
Тюльпанов, гордо наклоненных,
Душистых ландышей, ясминов и лилей,
Которых ты всегда любила
И прежде всякий день носила
На мраморной груди твоей, –
Возможно ль, милая Климена,
Какая странная во вкусе перемена!..
Ты любишь обонять не утренний цветок,
А вредную траву зелену,
Искусством превращенну
В пушистый порошок!
Пускай уже седой профессор Геттингена,
На старой кафедре согнувшися дугой,

Das Gedicht ist adressiert an Eléna Kantakúzen (1794–1854), die 1814 Puškins Mitschüler, ihren Bruder Fürst Aleksándr Gorčakóv, in Carskoe Selo besuchte.

[Titel] **ню́хать:** (Tabak) schnupfen. | 1 **ль** (poet.): verkürzte Form der zur Bildung von Fragesätzen dienenden Partikel ли. | **насаждённый:** gepflanzt. | 2 **наклонённый:** sich neigend. | 7 **Климе́на:** Klymene; Name verschiedener Figuren der griechischen Mythologie. | 8 **стра́нный:** seltsam, sonderbar. | **переме́на:** Veränderung. | 9 **обоня́ть:** etw. riechen, (Duft) einatmen. | 11 **преврати́ть** (-щённый; v.): verwandeln. | 12 **пуши́стый порошо́к:** krümeliges Pülverchen. | 13 **пуска́й** / пусть (+ Inf.): soll doch; mag, möge; lass. | **профе́ссор Гёттингена:** Göttinger Professor; harmlose Verspottung deutscher Philister. | 14 **на ста́рой ка́федре согну́вшися дуго́й:** mit krummem Rücken auf dem alten Katheder (dem Professorenpult) hockend.

Вперив в латинщину глубокий разум свой,
  Раскашлявшись, табак толченый
Пихает в длинный нос иссохшею рукой;
  Пускай младой драгун усатый
  Поутру, сидя у окна,
  С остатком утреннего сна,
Из трубки пенковой дым гонит сероватый;
Пускай красавица шестидесяти лет,
У граций в отпуску и у любви в отставке,
Которой держится вся прелесть на подставке,
Которой без морщин на теле места нет,
  Злословит, молится, зевает
И с верным табаком печали забывает, –
А ты, прелестная!.. но если уж табак
Так нравится тебе – о пыл воображенья! –

15 **впери́ть:** den Blick auf jdn./etw. richten. | **лати́нщина:** Latein. | 16 **раска́шляться:** (heftig) husten. | 16 f. **таба́к толчёный пиха́ет:** stopft den fein gestoßenen Tabak (in die Nase). | 17 **иссо́хший:** vertrocknet, welk (со́хнуть: welken, verdorren). | 18 **драгу́н уса́тый:** schnauzbärtiger Dragoner. | 21 **тру́бка пе́нковая:** Meerschaumpfeife. | **гнать дым:** Rauch ausstoßen; гнать (гоню́, го́нишь; v.): jagen, treiben. | 23 **у гра́ций в о́тпуску и у любви́ в отста́вке:** von den Grazien (den römischen Göttinnen der Anmut) beurlaubt, von der Liebe den Abschied genommen. | 24 **кото́рой де́ржится вся пре́лесть на подста́вке:** deren ganze Schönheit auf dem Korsett ruht. | 25 **кото́рой без морщи́н на те́ле ме́ста нет:** bei der nicht eine Körperstelle ohne Runzeln ist. | 26 **злосло́вить:** lästern, klatschen. | **зева́ть:** gähnen. | 27 **ве́рный:** treu, sicher, zuverlässig. | **печа́ль** (f.): Kummer, Traurigkeit, Leid. | 29 **пыл воображе́нья:** Feuereifer der Fantasie.

Ах! если, превращенный в прах,
И в табакерке, в заточенье,
Я в персты нежные твои попасться мог,
Тогда б в сердечном восхищенье
Рассыпался на грудь под шалевый платок
И даже… может быть… Но что! мечта пустая.
Не будет этого никак.
Судьба завистливая, злая!
Ах, отчего я не табак!..

(1814)

30 **прах:** hier: Tabakpulver. | 31 **табакéрка:** Tabaksdose. | **заточéнье:** Einkerkerung. | 32 **перст** (alt.): Finger; der Plural hier auch als »Hand« zu verstehen. | 33 **б:** verkürzte Form der zur Bildung des Konjunktivs dienenden Partikel бы. | 34 **рассы́паться** (v.): verstreut werden, ausgestreut werden. | 37 **зави́стливый:** neidisch.

Измены

«Всё миновалось!
Мимо промчалось
Время любви.
Страсти мученья!
В мраке забвенья
Скрылися вы.
Так я премены
Сладость вкусил;
Гордой Елены
Цепи забыл.
Сердце, ты в воле!
Всё позабудь;
В новой сей доле
Счастливо будь.
Только весною
Зефир младою
Розой пленен;

Die Adressatin des Gedichts war die Gräfin Natál'ja Kočubéj (1800–1854), Puškins erste Liebe.

[Titel] **изме́на:** hier: Metamorphose, Veränderung; geschrieben im Stil der *poésie légère* des französischen Rokoko. | 1 **минова́ться:** vorübergehen, vorbei sein. | 2 **промча́ться:** vorbeifliegen, enteilen. | 4 **муче́нье:** Qual, Pein; vgl. му́чить: quälen; мучи́тельный: quälend. | 5 **забве́нье:** Vergessen(heit); забве́нный (alt.): vergessen. | 7 **преме́на** (alt.): переме́на: Veränderung, Wechsel. | 8 **вкуси́ть** / вкуша́ть (v./uv.): genießen, erfahren. | 9 **Еле́на:** Vergleich mit der schönen Helena aus der Troja-Sage. | 13 **до́ля:** Schicksal, Los. | 17 **ро́за:** Die Rose symbolisierte schon in der Antike Jugend, Liebe, aber auch Vergänglichkeit.

В юности страстной
Был я прекрасной
В сеть увлечен.
Нет, я не буду
Впредь воздыхать,
Страсть позабуду;
Полно страдать!
Скоро печали
Встречу конец.
Ах! для тебя ли,
Юный певец.
Прелесть Елены
Розой цветет?..
Пусть весь народ,
Ею прельщенный,
Вслед за мечтой
Мчится толпой;
В мирном жилище,
На пепелище,
В чаше простой
Стану в смиренье
Черпать забвенье
И – для друзей

20 **в сеть увлечён:** im Netz verstrickt / gefangen. | 22 **впредь:** hinfort, künftig. | 24 **по́лно** (+ Inf.): es reicht mit; Schluss mit. | 32 **прельщённый:** gefesselt, verführt. | 34 **мча́ться** (мчусь, мчи́шься; uv.): forteilen. | 35 **жили́ще:** Wohnstätte, Wohnort. | 36 **пепели́ще** (alt.): Feuerstelle, hier: eigener Herd, von den Eltern ererbter Besitz. | 37 **ча́ша:** Schale. | 38 **смире́нье:** Sanftmut (смире́нный: sanftmütig). | 39 **че́рпать:** schöpfen.

Резвой рукою
Двигать струною
Арфы моей».

В скучной разлуке
Так я мечтал,
В горести, в муке
Себя услаждал;
В сердце возженный
Образ Елены
Мнил истребить.
Прошлой весною
Юную Хлою
Вздумал любить.
Как ветерочек
Ранней порой
Гонит листочек
С резвой волной,
Так непрестанно
Непостоянный
Страстью играл,
Лилу, Темиру,

41 **ре́звый:** flink, lebhaft. | 42 **дви́гать** (+ Instr.): etw. bewegen. | 42 f. **струна́ а́рфы:** Saite der Harfe. | 46 **го́ресть** (f.): Kummer, Leid (го́рестный: kummervoll, traurig). | 47 **услажда́ть:** erquicken, laben (усла́да: Labsal, Erquickung). | 48 **возжённый:** entflammt, brennend. | 50 **мнил** (alt.) **истреби́ть:** meinte ich zu vernichten. | 52 **Хло́я:** Bezug auf die Schäferin Chloë des antiken Romans *Daphnis und Chloë* (s. Anm. S. 17). | 58 **непреста́нно:** unablässig. | 61 **Ли́ла** / **Теми́ра:** in der romantischen Liebeslyrik gern gebrauchte orientalisierende Vornamen.

Всех обожал,
Сердце и лиру
Всем посвящал.
Что же? – напрасно
С груди прекрасной
Шаль я срывал.
Тщетны измены!
Образ Елены
В сердце пылал!
Ах! возвратися,
Радость очей,
Хладна, тронися
Грустью моей.
Тщетно взывает
Бедный певец!
Нет! не встречает
Мукам конец…
Так! до могилы
Грустен, унылый,
Крова ищи!

62 **обожа́ть:** vergöttern, anbeten. | 64 **посвяща́ть:** widmen, hier: schenken, geben. | 67 **шаль я срыва́л:** ich riss (ihr) das Brusttuch herab. | 68 **тщéтный:** vergeblich, nutzlos, eitel. | 70 **пыла́ть:** flammen, lodern, glühen (пыл: Feuer, Leidenschaft, Eifer). | 73 **хла́дна:** hier: (du) Kühle, Gleichgültige. | 73 f. **трони́ся гру́стью моéй:** lass dich von meiner Schwermut rühren. | 75 **взыва́ть:** (an)rufen, (an)flehen. | 80 **уны́лый:** traurig, niedergeschlagen, mutlos; унывáть / (при)уны́ть (uv./v.): niedergeschlagen sein, traurig sein, verzagen; уны́ние: Wehmut, Verzagtheit. | 81 **кров:** Obdach.

Всеми забытый,
Терном увитый
Цепи влачи…

(1814/15)

83 **тёрном уви́тый:** von Schlehen umrankt. | 84 **влачи́ть:** (sich dahin)schleppen; vgl. die Redewendung влачи́ть жизнь: ein kümmerliches Leben fristen.

Итак, я счастлив был, итак, я наслаждался,
Отрадой тихою, восторгом упивался…
И где веселья быстрый день?
Промчался лётом сновиденья,
Увяла прелесть наслажденья,
И снова вкруг меня угрюмой скуки тень!..

(29 ноября 1815)

Puškin besang Ekaterína Bakúnina (1795–1869), die Schwester eines Lyzeumskameraden, in mehreren Gedichten.

2 **отра́да:** Freude, Trost (отра́дный: freudebringend). | **упива́ться** / упи́ться (uv./v.): sich berauschen. | 3 **весе́лье:** Fröhlichkeit, Vergnügen. | 4 **лёт:** Flug. | **сновиде́нье:** Traum. | 5 **увя́нуть** / вя́нуть (v./uv.): verwelken, dahinwelken. | 6 **вкруг:** вокру́г. | **угрю́мая ску́ка:** triste Langeweile; угрю́мый: verdrossen, trübe, düster.

К ней

Эльвина, милый друг! приди, подай мне руку,
Я вяну, прекрати тяжелый жизни сон;
Скажи, увижу ли, на долгую ль разлуку
Я роком осужден?

Ужели никогда на друга друг не взглянет?
Иль вечной темнотой покрыты дни мои?
Ужели никогда нас утро не застанет
В объятиях любви?

Эльвина! почему в часы глубокой ночи
Я не могу тебя с восторгом обнимать,
На милую стремить томленья полны очи
И страстью трепетать?

И в радости немой, в блаженстве наслажденья
Твой шепот сладостный и тихий стон внимать,
И тихо в скромной тьме для неги пробужденья
Близ милой засыпать?

(1815)

Das Gedicht gehört vermutlich mit anderen (z. B. dem vorhergehenden »Итак, я счастлив был«, S. 27) in den sogenannten »Bakúnina-Zyklus«.

1 **Эльви́на:** fiktiver Vorname. | **друг:** hier: Freundin, Geliebte; poetisch werden männliche Personenbezeichnungen gelegentlich auch für Frauen gebraucht. | 4 **рок:** Schicksal (роково́й: schicksalhaft, verhängnisvoll). | 5 **уже́ли:** auch: уже́ль (alt.): wirklich?, tatsächlich? | 7 **заста́ть:** antreffen. | 13 **блаже́нство:** Glückseligkeit, Wonne. | 14 **стон:** Stöhnen. | **внима́ть** (poet.): hören. | 15 **скро́мный:** hier: sittsam. | **тьма:** Dunkelheit. | **не́га:** Wonne. | **пробужде́нье:** Erwachen (пробуждённый: erwacht). | 16 **засыпа́ть** / засну́ть (uv./v.): einschlafen.

К Наташе

Вянет, вянет лето красно;
Улетают ясны дни;
Стелется туман ненастный
Ночи в дремлющей тени;
Опустели злачны нивы,
Хладен ручеек игривый;
Лес кудрявый поседел;
Свод небесный побледнел.

Свет-Наташа! где ты ныне?
Что никто тебя не зрит?
Иль не хочешь час единый
С другом сердца разделить?
Ни над озером волнистым,
Ни под кровом лип душистым
Ранней – позднею порой
Не встречаюсь я с тобой.

Gewidmet der Zofe der Fürstin Várvara Volkónskaja, die im Gefolge der Zarin den Sommer in Carskoe Selo verbracht hatte und im Herbst mit ihr an den Hof zurückkehrte.

3 **сте́лется тума́н нена́стный:** garstiger Nebel breitet sich aus. Das Stimmungsbild illustriert Puškins Gefühle bei der Rückkehr des Hofstaats nach Petersburg im Herbst. | 4 **дре́млющий:** verträumt, schläfrig; дрема́ть (-млю, -е́млешь): schlummern. | 5 **опусте́ли зла́чны ни́вы:** verödet sind die fruchtbaren Äcker. | 6 **хла́ден ручеёк игри́вый:** kalt ist das dahinspielende Bächlein. | 7 **лес кудря́вый поседе́л:** der krauslockige Wald ist ergraut (ку́дри: Locken). | 8 **свод небе́сный побледне́л:** das Himmelsgewölbe ist verblasst. | 10 **зреть** (alt.): blicken, schauen. | 13 **волни́стый:** wellig. | 14 **души́стый:** wohlriechend, duftend.

Скоро, скоро холод зимный
Рощу, поле посетит;
Огонек в лачужке дымной
Скоро ярко заблестит;
Не увижу я прелестной
И, как чижик в клетке тесной,
Дома буду горевать
И Наташу вспоминать.

(1816)

18 **ро́ща:** Hain. | 19 **лачу́жка ды́мная:** rauchige Kate. | 20 **заблесте́ть** (v.): aufleuchten; блесте́ть (-щу́, -е́щешь) / блесну́ть (uv./v.): leuchten; блеск: Schimmer. | 22 **чи́жик:** Zeisig; Anspielung auf das traurige Lied eines Anonymus über einen im Käfig eingesperrten Vogel, das 1810 von Vasílij Žukóvskij (1783–1852) veröffentlicht wurde. | **те́сный:** eng. | 23 **горева́ть:** traurig sein, sich grämen.

Окно

Недавно темною порою,
Когда пустынная луна
Текла туманною стезею,
Я видел – дева у окна
Одна задумчиво сидела,
Дышала в тайном страхе грудь,
Она с волнением глядела
На темный под холмами путь.

«Я здесь!» – шепнули торопливо,
И дева трепетной рукой
Окно открыла боязливо…
Луна покрылась темнотой.
«Счастливец! – молвил я с тоскою,
Тебя веселье ждет одно.
Когда ж вечернею порою
И мне откроется окно?»

(1816)

Das Gedicht wird dem »Bakúnina-Zyklus« zugerechnet (s. Anm. S. 27).

2 **пусты́нный:** nackt, kahl, verlassen. | 3 **текла́ тума́нною стезёю:** hier: (der Mond) zog seine nebelverhangene Bahn. | 4 **де́ва:** Jungfrau, Mädchen. | 5 **оди́н:** hier: einsam, allein. | **заду́мчивый:** nachdenklich, melancholisch. | 7 **волне́ние:** Erregung. | 9 **торопли́вый:** eilig, hastig. | 13 **мо́лвить** (alt.): sagen, sprechen.

Разлука

Когда пробил последний счастью час,
Когда в слезах над бездной я проснулся
И, трепетный, уже в последний раз
К руке твоей устами прикоснулся –
Да! помню всё; я сердцем ужаснулся,
Но заглушал несносную печаль;
Я говорил: «Не вечная разлука
Все радости уносит ныне вдаль.
Забудемся, в мечтах потонет мука;
Уныние, губительная скука
Пустынника приют не посетят;
Мою печаль усладой муза встретит;
Утешусь я – и дружбы тихий взгляд
Души моей холодный мрак осветит».

Как мало я любовь и сердце знал!
Часы идут, за ними дни проходят,
Но горестям отрады не приводят
И не несут забвения фиал.
О милая, повсюду ты со мною,

2 **бéздна:** Abgrund; Hölle. | 4 **прикоснýться** (v.; к + Dat.): berühren. | 6 **заглушáть:** betäuben. | **несно́сный:** unerträglich. | 8 **вдаль:** in die Ferne. | 9 **забы́ться:** sich vergessen, hier: in den Schlaf sinken. | 10 **губи́тельный:** verderblich, vernichtend. | 11 **пусты́нника прию́т:** des Eremiten Zuflucht. | 12 **мýза:** Muse; die Musen waren die griechischen Schutzgöttinnen der Künste. | 14 **освети́ть** (-ещý, -ети́шь; v.): erleuchten, erhellen. | 18 **забвéния фиáл:** den Trank des Vergessens (фиáл: Phiole; birnenförmiges Glasgefäß).

Но я уныл и втайне я грущу.
Блеснет ли день за синею горою,
Взойдет ли ночь с осеннею луною –
Я всё тебя, прелестный друг, ищу;
Засну ли я, лишь о тебе мечтаю,
Одну тебя в неверном вижу сне;
Задумаюсь – невольно призываю,
Заслушаюсь – твой голос слышен мне.
Рассеянный сижу между друзьями,
Невнятен мне их шумный разговор,
Гляжу на них недвижными глазами,
Не узнает уж их мой хладный взор!

И ты со мной, о лира, приуныла,
Наперсница души моей больной!
Твоей струны печален звон глухой,
И лишь любви ты голос не забыла!..
О верная, грусти, грусти со мной,
Пускай твои небрежные напевы
Изобразят уныние мое,
И, слушая бряцание твое,
Пускай вздохнут задумчивые девы.

(1816)

23 **всё:** hier: immerzu. | 28 **рассе́янный:** zerstreut, durcheinander. | 29 **невня́тный:** unverständlich. | 32 **ли́ра:** Lyra, Leier; das Zupfinstrument der Dichter und Sänger ist hier personifiziert. | 33 **напе́рсница:** Favoritin, Geliebte. | 34 **глухо́й:** hier: dumpf. | 37 **небре́жный:** sorglos, unbekümmert (небре́жность: Nonchalance, Gelassenheit). | **напе́в:** Gesang, Melodie. | 39 **бряца́ние** (alt.): hier: Klingen (der Lyra).

Элегия

Счастлив, кто в страсти сам себе
Без ужаса признаться смеет;
Кого в неведомой судьбе
Надежда робкая лелеет;
Кого луны туманный луч
Ведет в полночи сладострастной;
Кому тихонько верный ключ
Отворит дверь его прекрасной!

Но мне в унылой жизни нет
Отрады тайных наслаждений;
Увял надежды ранний цвет:
Цвет жизни сохнет от мучений!
Печально младость улетит,
Услышу старости угрозы,
Но я, любовью позабыт,
Моей любви забуду ль слезы!

(1816)

3 **неве́домый:** unbekannt, undurchschaubar. | 4 **леле́ять:** ergötzen, erfreuen. | 6 **сладостра́стный:** wonnevoll (сладостра́стье: Wonne). | 11 **цвет:** hier: Blüte, Blume.

К сну

Знакомец милый и старинный,
О сон, хранитель добрый мой!
Где ты? Под кровлею пустынной
Мне ложе стелет уж покой
В безмолвной тишине ночной,
Приди, задуй мою лампаду,
Мои мечты благослови,
До утра только дай отраду
Моей мучительной любви.
Сокрой от памяти унылой
Разлуки грустный приговор!
Пускай увижу милый взор,
Пускай услышу голос милый.
Когда ж умчится ночи мгла
И ты мои покинешь очи,
О, если бы душа могла
Забыть любовь до новой ночи!

(1816)

3 **кро́вля:** Dach. | 4 **ло́же сте́лет:** bereitet ein Lager (ло́же: Liegestatt, Ruhebett). | 6 **заду́ть** (v.): ausblasen, auslöschen. | 7 **благослови́ть** / благословля́ть (v./uv.): segnen. | 10 **сокры́ть:** скрыть: verbergen. | 14 **мгла:** Finsternis; Dunst, Nebel.

Элегия

Я думал, что любовь погасла навсегда,
Что в сердце злых страстей умолкнул глас мятежный,
Что дружбы наконец отрадная звезда
Страдальца довела до пристани надежной.
Я мнил покоиться близ верных берегов,
Уж издали смотреть, указывать рукою
На парус бедственный пловцов,
Носимых яростной грозою.
И я сказал: «Стократ блажен,
Чей век, свободный и прекрасный,
Как век весны промчался ясной
И страстью не был омрачен,
Кто не страдал в любви напрасной,
Кому неведом грустный плен.
Блажен! но я блаженней боле.
Я цепь мученья разорвал,

Die Elegie greift ein damals beliebtes Gedicht des französischen Lyrikers Évariste de Parny (1753–1814) auf. Sie wird ebenfalls dem »Bakúnina-Zyklus« zugerechnet (s. Anm. S. 27).

1 **погáснуть** (v.): erlöschen, vergehen (auch гáснуть; угасáть / угáснуть). | 2 **злых страстéй умóлкнул глас мятéжный:** die stürmisch-drängende Stimme wilder Leidenschaften verstummte. | **5 покóиться:** ruhen, Ruhe finden. | 7 **пáрус бéдственный пловцóв:** das armselige Segel der Männer zur See. | 9 f. **стокрáт блажéн, чей век …:** hundertfach glückselig ist derjenige, dessen Leben … (блажéнный: glückselig). | 12 **омрачи́ть** (-ённый; v.): verdüstern. | 16 **разорвáть /** разрывáть (v./uv.): zerreißen.

Опять я дружбе… я на воле –
И жизни сумрачное поле
Веселый блеск очаровал!»
Но что я говорил… несчастный!
Минуту я заснул в неверной тишине,
Но мрачная любовь таилася во мне,
Не угасал мой пламень страстный.
Весельем позванный в толпу друзей моих,
Хотел на прежний лад настроить резву лиру,
Хотел еще воспеть прелестниц молодых,
Веселье, Вакха и Дельфиру.
Напрасно!.. я молчал; усталая рука
Лежала, томная, на лире непослушной,
Я всё еще горел – и в грусти равнодушной
На игры младости взирал издалека.
Любовь, отрава наших дней,
Беги с толпой обманчивых мечтаний.
Не сожигай души моей,
Огонь мучительных желаний.

18 **сýмрачный:** dunkel, düster, trostlos (сýмрак: Dämmerung, Halbdunkel). | 19 **очаровáть:** bezaubern, fesseln. | 22 **таи́ться:** sich verstecken, sich verbergen (таи́ть: verbergen). | 25 **на прéжний лад настрóить рéзву ли́ру:** die feurige Lyra so wie früher stimmen. | 26 **воспéть прелéстниц молоды́х:** die schönen jungen Verführerinnen besingen. | 27 **Вакх:** Bacchus; Gott des Weines und des Rausches. | 27 **Дельфи́ра:** hier vermutlich fiktiver Name. | 29 **тóмный:** schmachtend, träumerisch. | 31 **взирáть:** anschauen, ansehen (взор: Blick). | 32 **отрáва:** Gift. | 33 **обмáнчивый:** trügerisch, betrügerisch; обмáнывать / обманýть (-анý, -áнешь): betrügen, hintergehen. | 34 **сожигáть:** сжигáть: etw. verbrennen.

Летите, призраки… Амур, уж я не твой,
Отдай мне радости, отдай мне мой покой…
Брось одного меня в бесчувственной природе,
Иль дай еще летать надежды на крылах,
Позволь еще заснуть и в тягостных цепях
Мечтать о сладостной свободе.

(1816)

36 **при́зрак:** Trugbild, Hirngespinst. | 37 **поко́й:** Ruhe, Frieden. | 39 **наде́жды на крыла́х:** auf den Flügeln der Hoffnung. | 40 **тя́гостный:** beschwerlich, bedrückend.

Пробуждение

Мечты, мечты,
Где ваша сладость?
Где ты, где ты,
Ночная радость?
Исчезнул он,
Веселый сон,
И одинокий
Во тьме глубокой
Я пробужден.
Кругом постели
Немая ночь.
Вмиг охладели,
Вмиг улетели
Толпою прочь
Любви мечтанья.
Еще полна
Душа желанья
И ловит сна
Воспоминанья.
Любовь, любовь,
Внемли моленья:
Пошли мне вновь
Свои виденья,

12 **вмиг:** in einem Augenblick, im Nu (миг: Augenblick). | **охладéть:** erkalten. | 14 **толпóю:** in Scharen, scharenweise. | 21 **внемлú:** vernimm; Imperativ von внимáть in alter Konjugation (внéмлю, -лешь). | **молéнье:** Bitten, Flehen. | 22 **пошлú:** Imperativ von послáть: senden. | 23 **видéнье:** Erscheinung, Vision, Traumgesicht.

И поутру,
Вновь упоенный,
Пускай умру
Непробужденный.

(1816)

25 упоённый: berauscht, verzückt. | 27 **непробуждённый:** ungeweckt, hier: ohne wieder aufzuwachen.

Письмо к Лиде

Лишь благосклонный мрак раскинет
Над нами тихий свой покров
И время к полночи придвинет
Стрелу медлительных часов,
Когда не спит в тиши природы
Одна счастливая любовь, –
Тогда моей темницы вновь
Покину я немые своды…
Летучих остальных минут
Мне слишком тягостна потеря –
Но скоро Аргусы заснут,
Замкам предательным поверя,
И я в обители твоей…
По скорой поступи моей,
По сладострастному молчанью,
По смелым, трепетным рукам,
По воспаленному дыханью
И жарким, ласковым устам

1 **благоскло́нный:** wohlgesinnt, zugetan. | **раски́нуть** (v.): ausbreiten, (Netz) auswerfen. | 2 **покро́в:** Bedeckung, Schutzmantel. | 3 f. **придви́нуть стрелу́:** den (Uhr-)Zeiger vorrücken. | 5 **тишь** (f.): Stille. | 7 **темни́ца** (alt.): Gefängnis, Kerker. | 8 **свод:** Gewölbe. | 10 **поте́ря:** Verlust. | 11 **А́ргусы:** Argos war in der griechischen Mythologie ein vieläugiger Riese, dessen Wachsamkeit nichts entging. | 13 **оби́тель** (f.): Haus, Heimstatt. | 14 **по́ступь** (f.): Tritt, Schritt, Gang. | 17 **воспалённое дыха́нье:** leidenschaftliches Atmen. | 18 **ла́сковый:** zärtlich, liebkosend (ласка́ть: liebkosen, zärtlich sein; ла́ска: Liebkosung).

Узнай любовника – настали
Восторги, радости мои!..
О Лида, если б умирали
С блаженства, неги и любви!

(1817)

19 **настáть** (v.): anbrechen, eintreten, beginnen.

К ***

Не спрашивай, зачем унылой думой
Среди забав я часто омрачен,
Зачем на всё подъемлю взор угрюмый,
Зачем не мил мне сладкой жизни сон;

Не спрашивай, зачем душой остылой
Я разлюбил веселую любовь
И никого не называю *милой* –
Кто раз любил, уж не полюбит вновь;

Кто счастье знал, уж не узнает счастья.
На краткий миг блаженство нам дано:
От юности, от нег и сладострастья
Останется уныние одно…

(1817)

1 **ду́ма:** hier: Gedanke, Nachdenken. | 2 **заба́ва:** Zeitvertreib, Amüsement, Unterhaltung. | 3 **подыма́ть** (подъе́млю; alt.): поднима́ть: heben. | 5 **осты́лый:** erkaltet, kühl. | 6 **разлюби́ть:** aufhören zu lieben, satthaben.

Мечтателю

Ты в страсти горестной находишь наслажденье;
Тебе приятно слезы лить,
Напрасным пламенем томить воображенье
И в сердце тихое уныние таить.
Поверь, не любишь ты, неопытный мечтатель.
О если бы тебя, унылых чувств искатель,
Постигло страшное безумие любви;
Когда б весь яд ее кипел в твоей крови;
Когда бы в долгие часы бессонной ночи,
На ложе, медленно терзаемый тоской,
Ты звал обманчивый покой,
Вотще смыкая скорбны очи,
Покровы жаркие рыдая обнимал
И сохнул в бешенстве бесплодного желанья, –
Поверь, тогда б ты не питал
Неблагодарного мечтанья!
Нет, нет: в слезах упав к ногам
Своей любовницы надменной,

[Titel] **мечта́тель:** Träumer. Es ist nicht restlos geklärt, ob Puškin damit einen seiner Mitschüler, den Poeten Vil'gel'm Kjúchel'beker (Wilhelm Küchelbecker; 1797–1846), oder sich selbst meinte. | 2 **лить:** vergießen. | 7 **пости́гнуть** (v.): ereilen, erfassen. | 8 **яд:** Gift. | **кипе́ть:** kochen, sieden. | 10 **терза́ть:** quälen. | 12 **вотще́** (alt.): vergebens. | **смыка́я ско́рбны о́чи:** die schmerzerfüllten Augen schließend. | 13 **покро́в:** hier: Bettdecke, Pfühl. | **рыда́ть:** schluchzen. | 14 **бе́шенство:** Besessenheit, Wahnsinn, Wut. | 15 **пита́ть:** nähren, (Hoffnung, Wunsch) hegen. | 18 **надме́нный:** hochmütig, arrogant.

Дрожащий, бледный, исступленный,
Тогда б воскликнул ты к богам:
«Отдайте, боги, мне рассудок омраченный,
Возьмите от меня сей образ роковой;
Довольно я любил; отдайте мне покой…».
Но мрачная любовь и образ незабвенный
Остались вечно бы с тобой.

(1818)

19 **исступлённый:** rasend, verzückt; hier als исступле́нный zu lesen (ebenso zwei Zeilen darunter омраче́нный statt омрачённый); zu hören auf www.youtube.com/watch?v=u5GmkXtivTE.

Дорида

В Дориде нравятся и локоны златые,
И бледное лицо, и очи голубые.
Вчера, друзей моих оставя пир ночной,
В ее объятиях я негу пил душой;
Восторги быстрые восторгами сменялись,
Желанья гасли вдруг и снова разгорались;
Я таял; но среди неверной темноты
Другие милые мне виделись черты,
И весь я полон был таинственной печали,
И имя чуждое уста мои шептали.

(1819)

Das Gedicht meint vermutlich Ól'ga Massón (1796 – nicht vor 1830), eine von Puškin mehrfach besungene Kokotte der Petersburger Halbwelt.

1 **ло́коны златы́е:** goldene Locken. | 3 **пир:** Mahl, Gelage (пирова́ть: tafeln, schmausen, zechen). | 6 **разгора́ться:** aufflammen, entbrennen. | 10 **чу́ждый:** fremd.

Недоконченная картина

Чья мысль восторгом угадала,
Постигла тайну красоты?
Чья кисть, о небо, означала
Сии небесные черты?

Ты, гений!.. Но любви страданья
Его сразили. Взор немой
Вперил он на свое созданье
И гаснет пламенной душой.

(1819)

1 **угада́ть:** erraten. | 2 **пости́гнуть:** hier: erfassen, begreifen. | 3 **означа́ть:** hier: (mit den Mitteln der Kunst) wiedergeben, darstellen. | **4 сей** (сия́, сиё; сии́; alt.): dieser. | 6 **срази́ть** (v.): niederwerfen, bezwingen.

Дориде

Я верю: я любим; для сердца нужно верить.
Нет, милая моя не может лицемерить;
Всё непритворно в ней: желаний томный жар,
Стыдливость робкая, харит бесценный дар,
Нарядов и речей приятная небрежность
И ласковых имен младенческая нежность.

(1820)

2 **лицеме́рить:** heucheln. In »Дорида« (S. 46) träumte das lyrische Ich in den Armen der einen Frau von einer anderen – hier wird die Aufrichtigkeit der geliebten Frau besungen. | 3 **непритво́рный:** ungeheuchelt, aufrichtig (притвори́ться, v.: sich verstellen, so tun als ob). | **жар:** Hitze, Leidenschaft. | 4 **хари́т бесце́нный дар:** kostbare Gabe der Chariten; diese griechischen Göttinnen der Anmut entsprachen den römischen Grazien. | 5 **наря́д:** Gewand, Kleidung. | 6 **младе́нческий:** hier: kindlich.

Черная шаль

Молдавская песня

Гляжу как безумный на черную шаль,
И хладную душу терзает печаль.

Когда легковерен и молод я был,
Младую гречанку я страстно любил.

Прелестная дева ласкала меня;
Но скоро я дожил до черного дня.

Однажды я созвал веселых гостей;
Ко мне постучался презренный еврей.

«С тобою пируют (шепнул он) друзья;
Тебе ж изменила гречанка твоя».

Я дал ему злата и проклял его
И верного позвал раба моего.

Diese Romanze geht zurück auf ein Volkslied; Puškin hörte es bei einem moldauischen Mädchen in Kišinëv (s. Anm. S. 57).

1 **безу́мный:** irr, wahnsinnig (безу́мство). | 3 **легкове́рный:** leichtgläubig. | 4 **греча́нка:** Griechin. | 8 **постуча́ться:** anklopfen. | **презре́нный:** verachtenswert. | 10 **измени́ть** (v.; + Dat.): jdn. betrügen, verraten. | 11 **зла́то** (alt.): Gold(stück). | **прокля́сть** (про́клял; -кля́тый; v.): verfluchen. | 12 **раб** (Gen.: -á): Sklave, hier: Leibeigener, Diener (f.: рабы́ня).

Мы вышли; я мчался на быстром коне;
И кроткая жалость молчала во мне.

Едва я завидел гречанки порог,
Глаза потемнели, я весь изнемог…

В покой отдаленный вхожу я один…
Неверную деву лобзал армянин.

Не взвидел я света; булат загремел…
Прервать поцелуя злодей не успел.

Безглавое тело я долго топтал,
И молча на деву, бледнея, взирал.

Я помню моленья… текущую кровь…
Погибла гречанка, погибла любовь.

С главы ее мертвой сняв черную шаль,
Отер я безмолвно кровавую сталь.

14 **кро́ткая жа́лость молча́ла во мне:** die sanfte Zuneigung erstarb (wörtl.: verstummte) in mir. | 15 **поро́г:** Schwelle. | 16 **изнемо́чь** (-мо́г; v.): kraftlos werden. | 17 **поко́й:** hier: Gemach, Zimmer. | 18 **лобза́ть** (poet.): küssen (лобза́ние). | **армяни́н:** Armenier; sie galten für »heißblütig«, in Kišinëv lebten u. a. Moldawier, Armenier, Griechen, Juden. | 19 **була́т загреме́л:** die Stahlklinge zischte. | 20 **злоде́й:** Übeltäter, Bösewicht. | 21 **безгла́вый:** kopflos, ohne Kopf. | **топта́ть:** etw. treten, auf etw. herumtrampeln. | 24 **поги́бнуть** (v.): umkommen, sterben. | 26 **отере́ть** (отёр; v.): abwischen.

Мой раб, как настала вечерняя мгла,
В дунайские волны их бросил тела.

С тех пор не целую прелестных очей,
С тех пор я не знаю веселых ночей.

Гляжу как безумный на черную шаль,
И хладную душу терзает печаль.

(14 ноября 1820)

28 **дуна́йский:** Adj. zu Дуна́й: Donau; während der Verbannung in Kišinëv lebend, siedelte Puškin die volkstümliche Moritat im Süden des alten Moldawien an.

Мой друг, забыты мной следы минувших лет
И младости моей мятежное теченье.
Не спрашивай меня о том, чего уж нет,
Что было мне дано в печаль и в наслажденье,
    Что я любил, что изменило мне.
Пускай я радости вкушаю не вполне;
Но ты, невинная, ты рождена для счастья.
Беспечно верь ему, летучий миг лови:
Душа твоя жива для дружбы, для любви,
        Для поцелуев сладострастья;
Душа твоя чиста: унынье чуждо ей;
Светла, как ясный день, младенческая совесть.
К чему тебе внимать безумства и страстей
        Незанимательную повесть?
Она твой тихий ум невольно возмутит;
Ты слезы будешь лить, ты сердцем содрогнешься;
Доверчивой души беспечность улетит,
И ты моей любви, быть может, ужаснешься.
Быть может, навсегда... Нет, милая моя,
Лишиться я боюсь последних наслаждений.
Не требуй от меня опасных откровений:
Сегодня я люблю, сегодня счастлив я.

(25 августа 1821)

1 **мину́вший:** vergangen. | 2 **мяте́жный:** stürmisch, aufrührerisch. | 7 **неви́нный:** unschuldig, hier: du reiner Engel. | 8 **беспе́чный:** sorglos, unbedenklich. | 14 **незанима́тельная по́весть:** uninteressante Geschichte. | 15 **возмути́ть** (v.): erregen, empören. | 16 **содрогну́ться** (v.): erbeben, erschauern. | 18 **ужасну́ться** (v.; + Dat.): sich vor etw. entsetzen. | 21 **открове́ние:** Eröffnung, Offenbarung.

Гречанке

Ты рождена воспламенять
Воображение поэтов,
Его тревожить и пленять
Любезной живостью приветов,
Восточной странностью речей,
Блистаньем зеркальных очей
И этой ножкою нескромной;
Ты рождена для неги томной,
Для упоения страстей.
Скажи: когда певец Леилы
В мечтах небесных рисовал
Свой неизменный идеал,
Уж не тебя ль изображал
Поэт мучительный и милый?
Быть может, в дальной стороне,
Под небом Греции священной,
Тебя страдалец вдохновенный

Das Gedicht ist adressiert an die – wie viele ihrer Landsleute – aus der Türkei nach Kišinëv geflohene Griechin Kalypso Polichroni (1804–1827), Lord Byrons angebliche Geliebte.

6 **блиста́нье:** Glänzen, Strahlen (блиста́ть; блиста́тельный). | 7 **но́жка нескро́мная:** vorwitziges Füßchen. | 9 **упое́ние:** Rausch, Verzückung. | 10 **певе́ц Лейлы:** der Dichter, der Leila besang; gemeint ist der von Puškin verehrte, insgeheim aber auch beneidete Lord Byron mit seinem Poem *The Giaour*, dessen weibliche Hauptfigur Leila heißt. | 15 **сторона́:** hier: Land, Gegend. | 17 **вдохнове́нный:** inspiriert, begeistert (вдохнове́нье). |

Узнал иль видел, как во сне,
И скрылся образ незабвенный
В его сердечной глубине.
Быть может, лирою счастливой
Тебя волшебник искушал;
Невольный трепет возникал
В твоей груди самолюбивой,
И ты, склонясь к его плечу…
Нет, нет, мой друг, мечты ревнивой
Питать я пламя не хочу;
Мне долго счастье чуждо было,
Мне ново наслаждаться им,
И, тайной грустию томим,
Боюсь: неверно всё, что мило.

(21 июня 1822)

19 **незабве́нный:** unvergesslich. | 22 **тебя́ волше́бник искуша́л:** dich hat ein Zauberer verführt; gemeint ist Lord Byron.

Иностранке

На языке, тебе невнятном,
Стихи прощальные пишу;
Но в заблуждении приятном
Вниманья твоего прошу:
Мой друг, доколе не увяну,
В разлуке чувство погубя,
Боготворить не перестану
Тебя, мой друг, одну тебя.
На чуждые черты взирая,
Верь только сердцу моему,
Как прежде верила ему,
Его страстей не понимая.

(1822)

Auch dieses Gedicht ist wie das vorige an die Griechin Kalypso Polichroni gerichtet.

5 **докóле:** bis, solange wie. | 7 **боготвори́ть:** vergöttern.

Ночь

Мой голос для тебя и ласковый и томный
Тревожит позднее молчанье ночи темной.
Близ ложа моего печальная свеча
Горит; мои стихи, сливаясь и журча,
Текут, ручьи любви, текут, полны тобою.
Во тьме твои глаза блистают предо мною,
Мне улыбаются, и звуки слышу я:
Мой друг, мой нежный друг… люблю… твоя… твоя…

(26 октября 1823)

4 **сливáться:** zusammenfließen. | **журчáть:** murmeln, rauschen.

Проклятый город Кишинев!
Тебя бранить язык устанет.
Когда-нибудь на грешный кров
Твоих запачканных домов
Небесный гром конечно грянет,
И – не найду твоих следов!
Падут, погибнут, пламенея,
И пестрый дом Варфоломея,
И лавки грязные жидов:
Так, если верить Моисею,
Погиб несчастливый Содом.
Но с этим милым городком
Я Кишинев равнять не смею,
Я слишком с библией знаком,
И к лести вовсе не привычен.

Das Gedicht ist Teil eines Briefes, den Puškin, nach dreijährigem Verbannungsaufenthalt in Kišinëv, von Odessa aus an seinen nun in Kišinëv wirkenden Freund Fílip Vígel' (1786–1856) schrieb.

1 **Кишинёв:** damals die Hauptstadt Bessarabiens (seit 1812 russisch, heute Moldawien). | 2 **тебя́ брани́ть язы́к уста́нет:** meine Zunge wird es müd, dich zu beschimpfen. Nach Kišinëv, gleichsam ›ins letzte Kaff‹ fern vom Zarenhof, wurden Aufmüpfige wie Puškin strafversetzt. | 3 **гре́шный:** sündig. | 4 **запа́чканный:** besudelt, verschmutzt. | 5 **гря́нуть:** krachend ertönen. | 8 **Варфоломе́й:** Egór Varfoloméj, ein bessarabischer Gutsherr, in dessen Haus sich oft eine bunte junge Gesellschaft auf Bällen vergnügte. | 9 **ла́вка:** hier: Laden, Bude, (Verkaufs-)Stand. | **жид:** abfälliger Ausdruck für: Jude. | 10 **Моисе́й:** Moses; Anspielung auf die Städte Sodom und Gomorrha, die Gott laut Altem Testament zur Strafe für ihre Sittenlosigkeit vernichtete (1. Mose 19). | 13 **равня́ть** (uv.): gleichsetzen, vergleichen. | **сметь:** wagen. | 15 **лесть** (f.): Schmeichelei.

Содом, ты знаешь, был отличен
Не только вежливым грехом,
Но просвещением, пирами,
Гостеприимными домами
И красотой нестрогих дев!
Как жаль, что ранними громами
Его сразил Еговы гнев!
В блистательном разврате света,
Хранимый богом человек
И член верховного совета,
Провел бы я смиренно век
В Париже ветхого завета!
Но в Кишиневе, знаешь сам,
Нельзя найти ни милых дам,
Ни сводни, ни книгопродавца.
Жалею о твоей судьбе!
Не знаю, придут ли к тебе
Под вечер милых три красавца;
Однако ж кое-как, мой друг,
Лишь только будет мне досуг,

17 **ве́жливый грех:** kultiviertes Sündigen. | 22 **Его́вы гнев:** Jehovas Zorn. | 23 **развра́т:** Ausschweifung, Laster. | **свет:** hier: vornehme Gesellschaft. | 25 **верхо́вный сове́т:** Oberster Rat, hier: von Bessarabien; Vigel' war dessen Mitglied und später Vize-Gouverneur Bessarabiens. | 27 **ве́тхий заве́т:** das Alte Testament. | 30 **сво́дня** (volkst.): Kuppler(in). | 33 **краса́вец:** Schönling, Knabe; Anspielung auf Vigel's homosexuelle Neigungen (für die im 19. Jh. oft auch die Bezeichnung »sodomitisch« in Gebrauch war) und Allegorie auf die biblischen Engel, die Sodom und Gomorrha den Untergang verkündigten.

Явлюся я перед тобою;
Тебе служить я буду рад –
Стихами, прозой, всей душою,
Но, Вигель – пощади мой зад!

(ноябрь 1823)

39 **пощади́ мой зад:** verschon mein Hinterteil.

Простишь ли мне ревнивые мечты,
Моей любви безумное волненье?
Ты мне верна: зачем же любишь ты
Всегда пугать мое воображенье?
Окружена поклонников толпой,
Зачем для всех казаться хочешь милой,
И всех дарит надеждою пустой
Твой чудный взор, то нежный, то унылый?
Мной овладев, мне разум омрачив,
Уверена в любви моей несчастной,
Не видишь ты, когда, в толпе их страстной,
Беседы чужд, один и молчалив,
Терзаюсь я досадой одинокой;
Ни слова мне, ни взгляда… друг жестокий!
Хочу ль бежать, – с боязнью и мольбой
Твои глаза не следуют за мной.
Заводит ли красавица другая
Двусмысленный со мною разговор, –
Спокойна ты; веселый твой укор
Меня мертвит, любви не выражая.

Die Adressatin ist Amálija Ríznič (1803 ? – 1825), Gattin eines italienischen Händlers in Odessa, in die sich Puškin heftig verliebte.

4 **пуга́ть:** erschrecken, in Schrecken versetzen. | 5 **покло́нник:** hier: Verehrer, Liebhaber. | 7 **дари́ть:** beschenken. | 8 **чу́дный:** wundervoll. | 13 **доса́да:** Gram, Ärger. | 14 **жесто́кий:** grausam. | 15 **мольба́:** Flehen, inständige Bitte. | 17 **заводи́ть:** beginnen, (Gespräch) anknüpfen. | 18 **двусмы́сленный:** zweideutig, verfänglich. | 19 **уко́р:** Vorhaltung(en), Rüge.

Скажи еще: соперник вечный мой,
Наедине застав меня с тобой,
Зачем тебя приветствует лукаво?..
Что ж он тебе? Скажи, какое право
Имеет он бледнеть и ревновать?..
В нескромный час меж вечера и света,
Без матери, одна, полуодета,
Зачем его должна ты принимать?..
Но я любим... Наедине со мною
Ты так нежна! Лобзания твои
Так пламенны! Слова твоей любви
Так искренно полны твоей душою!
Тебе смешны мучения мои;
Но я любим, тебя я понимаю.
Мой милый друг, не мучь меня, молю:
Не знаешь ты, как сильно я люблю,
Не знаешь ты, как тяжко я страдаю.

(11 ноября 1823)

21 **сопе́рник ве́чный мой:** mein ewiger Rivale; in Odessa wurde die junge Amalija Riznič außer von Puškin auch von dem polnischen Grafen Isidor Sobański umworben. | 22 **наедине́:** allein, unter vier Augen. | 23 **лука́вый:** hier: schelmisch, verschmitzt. | 26 **нескро́мный:** hier: unschicklich. | 37 **тя́жко:** hier: sehr, heftig.

Всё кончено: меж нами связи нет.
В последний раз обняв твои колени,
Произносил я горестные пени.
Всё кончено – я слышу твой ответ.
Обманывать себя не стану вновь,
Тебя тоской преследовать не буду,
Прошедшее, быть может, позабуду –
Не для меня сотворена любовь.
Ты молода: душа твоя прекрасна,
И многими любима будешь ты.

(1824)

3 **пе́ня** (alt.): Vorwurf, Klage. | 8 **сотвори́ть** (-ённый, -ена́; v.): (er)schaffen.

Фонтану Бахчисарайского дворца

Фонтан любви, фонтан живой!
Принес я в дар тебе две розы.
Люблю немолчный говор твой
И поэтические слезы.

Твоя серебряная пыль
Меня кропит росою хладной:
Ах, лейся, лейся, ключ отрадный!
Журчи, журчи свою мне быль…

Фонтан любви, фонтан печальный!
И я твой мрамор вопрошал:
Хвалу стране прочел я дальной;
Но о Марии ты молчал…

Светило бледное гарема!
И здесь ужель забвенно ты?

[Titel] **Бахчисара́йский дворе́ц:** Palast von Bachtschissaraj; eine tatarische Palastruine auf der Halbinsel Krim, deren Besuch (1820) Puškin hier romantisch-poetisch verarbeitet. | 3 **немо́лчный:** hier: unaufhörlich (redend); wörtl.: ohne zu schweigen. | 6 **меня́ кропи́т росо́ю хла́дной:** benetzt mich mit kühlem Tau. | 7 **ли́ться** (ле́йся): fließen, sich ergießen. | **ключ отра́дный:** Freudenquell. | 8 **быль** (f.): wahre Geschichte, Erzählung. | 10 **вопроша́ть** (alt.): fragen. | 11 **хвала́:** Lob(preisung); похва́льный: löblich, lobenswert. | 12 **Мари́я:** Protagonistin in Puškins Poem *Bachčisarajskij fontan* (1824). Puškin setzt mit dieser Namenswahl der von ihm geliebten Schwester Nikoláj Raévskijs, Maríja (verheiratete Volkónskaja; 1805–1863), ein Denkmal. | 13 **свети́ло:** Licht, Leuchte.

Или Мария и Зарема
Одни счастливые мечты?

Иль только сон воображенья
В пустынной мгле нарисовал
Свои минутные виденья,
Души неясный идеал?

(1824)

15 **Заре́ма:** in Puškins Poem *Bachčisarajskij fontan* – über die Sage von Krim-Khan Kerim Girej und seinen Haremsdamen – die mörderische Antagonistin Marijas.

Пускай увенчанный любовью красоты
В заветном золоте хранит ее черты
И письма тайные, награда долгой муки,
Но в тихие часы томительной разлуки
Ничто, ничто моих не радует очей,
И ни единый дар возлюбленной моей,
Святой залог любви, утеха грусти нежной –
Не лечит ран любви безумной, безнадежной.

(1824)

Während seiner Verbannung in Odessa machte Puškin der Gräfin Elizavéta Voroncóva (1792–1880), Gattin seines Vorgesetzten, des Generalgouverneurs für Bessarabien, vermutlich platonisch, aber beharrlich den Hof.

1 **увенча́ть** (-е́нчанный; v.): krönen. | **красота́:** Schönheit, schöne Frau. | 2 **заве́тное зо́лото:** hier: goldenes Heiligtum; wahrscheinlich das goldgerahmte Medaillon mit dem Porträt der Angebeteten, das Puškin von ihr erhalten hatte. | 6 **возлю́бленная:** hier: Geliebte. | 7 **зало́г:** Pfand, Unterpfand. | **уте́ха:** hier: Trost | 8 **ра́на:** Wunde, Verletzung. | **безнадёжный:** hoffnungslos; hier безнаде́жный auszusprechen.

Сожженное письмо

Прощай, письмо любви, прощай! Она велела…
Как долго медлил я, как долго не хотела
Рука предать огню все радости мои!..
Но полно, час настал: гори, письмо любви.
Готов я; ничему душа моя не внемлет.
Уж пламя жадное листы твои приемлет…
Минуту!.. вспыхнули! пылают… легкий дым,
Виясь, теряется с молением моим.
Уж перстня верного утратя впечатленье,
Растопленный сургуч кипит… О провиденье!
Свершилось! Темные свернулися листы;
На легком пепле их заветные черты

1 **письмó:** Wahrscheinlich handelt es sich um einen Brief, den Puškin von Elizavéta Voroncóva (s. Anm. S. 65) aus Odessa erhalten hatte. | 2 **мéдлить:** zögern, zaudern. | 5 **ничемý душá моя́ не внéмлет:** nichts vernimmt meine Seele; внимáть hier poetisch in alter Konjugation (внéмлю, -лешь) und mit Dativ. | 6 **уж плáмя жáдное листы́ твои́ приéмлет:** schon nimmt die gierige Flamme deine Blätter auf; приимáть (приéмлю, -лешь) ist eine alte Form von принимáть. | 7 **вспы́хнуть:** aufflammen. | 8 **ви́ться** (Adverbialpartizip; alt.: вия́сь): sich kräuseln, sich winden. | 9 f. **уж пéрстня вéрного утрáтя впечатлéнье, растóпленный сургýч кипи́т:** indem er schon den Abdruck des treuen Rings verliert, zergeht der geschmolzene Siegellack in der Glut. Gemeint ist der kostbare Siegelring, den Puškin von Elizaveta Voroncova erhielt und lebenslang in Ehren bewahrte. | 10 **провидéнье:** Vorsehung, Prophezeiung. | 11 **сверши́лось:** es ist vollbracht (сверши́ться, v.: geschehen). | **свернýться:** sich zusammenrollen, sich krümmen. | 12 **пéпел:** Asche. | **завéтный:** hier: (herzinnig) geliebt, heilig.

Белеют… Грудь моя стеснилась. Пепел милый,
Отрада бедная в судьбе моей унылой,
Останься век со мной на горестной груди…

(1825)

13 **стесни́ться:** sich zusammenziehen, zusammenschnüren. | 15 **век:** hier: ein Leben lang, für immer.

К ***

Я помню чудное мгновенье:
Передо мной явилась ты,
Как мимолетное виденье,
Как гений чистой красоты.

В томленьях грусти безнадежной,
В тревогах шумной суеты,
Звучал мне долго голос нежный,
И снились милые черты.

Шли годы. Бурь порыв мятежный
Рассеял прежние мечты,
И я забыл твой голос нежный,
Твои небесные черты.

В глуши, во мраке заточенья
Тянулись тихо дни мои
Без божества, без вдохновенья,
Без слез, без жизни, без любви.

Puškin überreichte das Gedicht Ánna Kern (1800–1879) am 19. Juli 1825 vor ihrer Abreise aus Trigorskoe. Ob es ursprünglich wirklich ihr gewidmet war, ist umstritten.

1 **мгнове́нье:** Augenblick, Moment; vgl. миг (мгнове́нный: augenblicklich, rasch, jäh). | 3 **мимолётный:** flüchtig, vergänglich. | 6 **сует́а:** Hektik, Geschäftigkeit. | 8 **сни́ться:** im Traum erscheinen. | 9 **бурь поры́в мяте́жный:** rebellischer Ausbruch der (inneren) Stürme. | 10 **рассе́ял пре́жние мечты́:** ließ die Träume von früher zerstieben. | 13 **глушь** (f.): Einöde, hier: Einsamkeit. | 14 **тяну́ться:** sich hinziehen, sich dehnen. | 15 **божество́:** hier: Göttin, Gottheit, Abgott.

Душе настало пробужденье:
И вот опять явилась ты,
Как мимолетное виденье,
Как гений чистой красоты.

И сердце бьется в упоенье,
И для него воскресли вновь
И божество, и вдохновенье,
И жизнь, и слезы, и любовь.

(1825)

22 **воскре́снуть:** auferstehen.

Буря

Ты видел деву на скале
В одежде белой над волнами
Когда, бушуя в бурной мгле,
Играло море с берегами,
Когда луч молний озарял
Ее всечасно блеском алым
И ветер бился и летал
С ее летучим покрывалом?
Прекрасно море в бурной мгле
И небо в блесках без лазури;
Но верь мне: дева на скале
Прекрасней волн, небес и бури.

(1825)

1 **скалá:** Felsen. | 3 **бушевáть:** brausen, stürmen. | 5 **озаря́ть:** hier: zum Strahlen bringen, erstrahlen lassen. | 6 **всечáсно** (alt.): fortwährend. | **áлый:** purpurrot, blutrot. | 8 **летýчее покрывáло:** hier: wehendes Gewand. | 10 **лазýрь** (f.): Azurblau.

Если жизнь тебя обманет,
Не печалься, не сердись!
В день уныния смирись:
День веселья, верь, настанет.

Сердце в будущем живет;
Настоящее уныло:
Всё мгновенно, всё пройдет;
Что пройдет, то будет мило.

(1825)

Eintrag im Album der fünfzehnjährigen Evpráksija Vul'f (1809–1883).

Анне Н. Вульф

Увы! напрасно деве гордой
Я предлагал свою любовь!
Ни наша жизнь, ни наша кровь
Ее души не тронет твердой.
Слезами только буду сыт,
Хоть сердце мне печаль расколет.
. . . .
. . . .

(1825)

Albumeintrag für Evpráksijas ältere Schwester Ánna Vul'f (1799–1857), die den gleichaltrigen Dichter ihr Leben lang aufrichtig liebte.

1 **де́ва:** junge Frau, Mädchen. | 3 **на́ша:** unser; bescheiden und um des Metrums willen Pluralis modestatis statt »mein«. | 6 **расколо́ть** (-лю́, -о́лешь; v.): zerspalten. | 7 f. Die Punktzeilen verbergen Obszönes, das von Anna Kern nur mündlich überliefert ist.

К Зине

Вот, Зина, вам совет: играйте,
Из роз веселых заплетайте
Себе торжественный венец
И впредь у нас не разрывайте
Ни мадригалов, ни сердец.

(1 июля 1826)

Eintrag im Album der jungen Evpráksija (Zína) Vul'f, die das Genre Madrigal nicht mochte.

2 **заплета́ть:** flechten. | 3 **вене́ц:** Kranz.

Под небом голубым страны своей родной
Она томилась, увядала…
Увяла наконец, и верно надо мной
Младая тень уже летала;
Но недоступная черта меж нами есть.
Напрасно чувство возбуждал я:
Из равнодушных уст я слышал смерти весть,
И равнодушно ей внимал я.
Так вот кого любил я пламенной душой
С таким тяжелым напряженьем,
С такою нежною, томительной тоской,
С таким безумством и мученьем!
Где муки, где любовь? Увы, в душе моей
Для бедной, легковерной тени,
Для сладкой памяти невозвратимых дней
Не нахожу ни слез, ни пени.

(1826)

Puškin verfasste diese Zeilen, nachdem er, mehr als ein halbes Jahr verspätet, erfahren hatte, dass Amálija Ríznič (s. Anm. S. 60) im Mai 1825 in ihrer Heimat Italien verstorben war.

2 **увядáть** / увя́нуть: dahinwelken, verblühen. | 5 **недосту́пная чертá:** unbetretbares Gebiet. | 6 **возбуждáть** / возбуди́ть (uv./v.): erwecken, hervorrufen. | 7 **весть:** Nachricht. | 15 **невозврати́мый:** unwiederbringlich.

Признание

Я вас люблю, хоть я бешусь,
Хоть это труд и стыд напрасный,
И в этой глупости несчастной
У ваших ног я признаюсь!
Мне не к лицу и не по летам…
Пора, пора мне быть умней!
Но узнаю по всем приметам
Болезнь любви в душе моей:
Без вас мне скучно, – я зеваю;
При вас мне грустно, – я терплю;
И, мочи нет, сказать желаю,
Мой ангел, как я вас люблю!
Когда я слышу из гостиной
Ваш легкий шаг, иль платья шум,
Иль голос девственный, невинный,
Я вдруг теряю весь свой ум.
Вы улыбнетесь – мне отрада;
Вы отвернетесь – мне тоска;
За день мучения – награда
Мне ваша бледная рука.

Die Adressatin dieses »Geständnisses« ist Aleksándra Ósipova (1808–1864), die auf dem Vul'fschen Gut in Trigorskoe lebende Stieftochter von Praskóv'ja Ósipova-Vul'f.

1 **беси́ться** (-шу́сь, -си́шься; uv.): rasend werden, in Wut geraten. | 5 **мне не к лицу́ и не по ле́там:** es steht mir nicht zu Gesicht und kommt auch meinen Jahren nicht zu (passt nicht mehr zu meinem Alter). | 7 **приме́та:** hier: Kennzeichen, Merkmal. | 11 **мочь** (f.): Macht, Kraft. | 18 **отверну́ться** (v.): sich abwenden.

Когда за пяльцами прилежно
Сидите вы, склонясь небрежно,
Глаза и кудри опустя, –
Я в умиленье, молча, нежно
Любуюсь вами, как дитя!..
Сказать ли вам мое несчастье,
Мою ревнивую печаль,
Когда гулять, порой, в ненастье,
Вы собираетеся вдаль?
И ваши слезы в одиночку,
И речи в уголку вдвоем,
И путешествие в Опочку,
И фортепьяно вечерком?..
Алина! сжальтесь надо мною.
Не смею требовать любви:
Быть может, за грехи мои,
Мой ангел, я любви не стою!
Но притворитесь! Этот взгляд
Всё может выразить так чудно!
Ах, обмануть меня не трудно!..
Я сам обманываться рад!

(1826)

21 **пя́льцы** (Pl.): Stickrahmen. | 23 **опусти́ть:** hier: (Augen) senken. | 24 **умилéнье:** Rührung, Ergriffenheit. | 25 **дитя́** (n.; Pl.: дéти): Kind. | 28 **поро́й:** zuzeiten, manchmal. | **в ненáстье:** bei garstigem Wetter. | 30 **в одино́чку:** allein. | 32 **Опо́чка:** Stadt im Gebiet Pskov. | 34 **сжá-литься** (сжáльтесь; v.): sich erbarmen, Mitleid haben. | 37 **сто́ить** (+ Gen.): hier: einer Sache wert sein.

Талисман

Там, где море вечно плещет
На пустынные скалы,
Где луна теплее блещет
В сладкий час вечерней мглы,
Где, в гаремах наслаждаясь,
Дни проводит мусульман,
Там волшебница, ласкаясь,
Мне вручила талисман.

И, ласкаясь, говорила:
«Сохрани мой талисман:
В нем таинственная сила!
Он тебе любовью дан.
От недуга, от могилы,
В бурю, в грозный ураган,
Головы твоей, мой милый,
Не спасет мой талисман.

И богатствами Востока
Он тебя не одарит,

[Titel] **талисма́н:** Talisman; gemeint ist vermutlich ein kostbarer Ring (s. Anm. S. 66). | 1 **плеска́ть** (-щу́, -е́щешь) / плесну́ть: hier: klatschend anbranden. | 7 **волше́бница:** Zauberin; hier: eine bezaubernde Schöne. | **ласка́ться:** hier: sich schmeichelnd anschmiegen. | 8 **вручи́ть:** in die Hand geben, überreichen. | 13 **неду́г:** (schwere) Krankheit, Leiden. | 14 **гро́зный:** bedrohlich, furchterregend. | **урага́н:** Orkan, Sturm(wind). | 18 **одари́ть** (v.; + Instr.): jdn. mit etw. beschenken.

И поклонников пророка
Он тебе не покорит;
И тебя на лоно друга,
От печальных чуждых стран,
В край родной на север с юга
Не умчит мой талисман…

Но когда коварны очи
Очаруют вдруг тебя,
Иль уста во мраке ночи
Поцелуют не любя –
Милый друг! от преступленья,
От сердечных новых ран,
От измены, от забвенья
Сохранит мой талисман!»

(1827)

19 **покло́нник проро́ка:** Anhänger des Propheten; hier: Mohammeds. | 20 **покори́ть:** hier: unterwerfen. | 21 **на ло́но дру́га:** gemeint: heim an die vertraute Brust eines Freundes. | 25 **кова́рный:** (arg)listig, verschmitzt. | 30 **серде́чные ра́ны:** Verwundungen des Herzens.

Весна, весна, пора любви,
Как тяжко мне твое явленье,
Какое томное волненье
В моей душе, в моей крови…
Как чуждо сердцу наслажденье…
Всё, что ликует и блестит,
Наводит скуку и томленье.

Отдайте мне метель и вьюгу
И зимний долгий мрак ночей.

(весна 1827)

Geschrieben nach sechsjähriger Verbannung unter dem Eindruck der »weißen Nächte« in St. Petersburg.

6 **ликовать:** jubeln, frohlocken. | 8 **вьюга:** (heftiger) Sturm.

Ты и вы

Пустое *вы* сердечным *ты*
Она обмолвясь заменила,
И все счастливые мечты
В душе влюбленной возбудила.
Пред ней задумчиво стою;
Свести очей с нее нет силы;
И говорю ей: как *вы* милы!
И мыслю: как *тебя* люблю!

(23 мая 1828)

Puškins kurzzeitige Verlobte Ánna Olénina (1808–1888) hatte ihn einmal versehentlich geduzt. Eine Woche danach überreichte er ihr das Gedicht.

2 **обмо́лвиться** (v.; umg.): sich versprechen, etw. versehentlich sagen. | 6 **свести́ о́чи:** die Augen abwenden, losreißen; hier, im verneinten Satz, mit Genitiv (оче́й).

Ее глаза

Она мила – скажу меж нами –
Придворных витязей гроза,
И можно с южными звездами
Сравнить, особенно стихами,
Ее черкесские глаза.
Она владеет ими смело,
Они горят огня живей;
Но, сам признайся, то ли дело
Глаза Олениной моей!
Какой задумчивый в них гений,
И сколько детской простоты,
И сколько томных выражений,
И сколько неги и мечты!..
Потупит их с улыбкой Леля –

Puškin schrieb diese Zeilen über die angebetete Ánna Olénina (s. Anm. S. 80) in Erwiderung des Gedichts »Černye oči« von Petr Vjázemskij (1792–1878), worin dieser die Augen der schönen Aleksándra Rossét (1809–1882) gepriesen hatte.

2 **придво́рных ви́тязей гроза́:** eine Gefahr für die Herren des Hofs; zu двор: hier: Zarenhof; ви́тязь (m.): reckenhafter Held; гроза́: hier: Bedrohung (угро́за). | 5 **черке́сский:** tscherkessisch; die Tscherkessen im Kaukasus wurden gerühmt für die Schönheit ihrer Frauen und die Tapferkeit der Männer. | 8 **то ли де́ло:** (umg.) etwas ganz anderes ist. | 14/16 **поту́пит их … / … подни́мет:** wenn sie die Augen niederschlägt, dann … / wenn sie sie aufschlägt, dann … | 14 **Лель:** Gott der Liebe in der slawischen Mythologie.

В них скромных граций торжество;
Поднимет – ангел Рафаэля
Так созерцает божество.

(1828)

16 f. **а́нгел Рафаэ́ля / Так созерца́ет божество́:** so blickt Raffaels Engel die Gottheit an; gemeint sind die zu Füßen der Gottesmutter sitzenden Putten der »Sixtinischen Madonna«.

Tel j'étais autrefois et tel je suis encor.

Каков я прежде был, таков и ныне я:
Беспечный, влюбчивый. Вы знаете, друзья,
Могу ль на красоту взирать без умиленья,
Без робкой нежности и тайного волненья.
Уж мало ли любовь играла в жизни мной?
Уж мало ль бился я, как ястреб молодой,
В обманчивых сетях, раскинутых Kипридой:
А не исправленный стократною обидой,
Я новым идолам несу мои мольбы…

(1828)

[Motto] **Tel j'étais autrefois et tel je suis encor:** (frz.) »So war ich einstmals, und so bin ich immer noch.« Zitat aus einem Gedicht des von Puškin sehr verehrten Lyrikers André Chénier (1762–1794). | 6 **ястреб:** Habicht.

Подъезжая под Ижоры,
Я взглянул на небеса
И воспомнил ваши взоры,
Ваши синие глаза.
Хоть я грустно очарован
Вашей девственной красой,
Хоть вампиром именован
Я в губернии Тверской,
Но колен моих пред вами
Преклонить я не посмел
И влюбленными мольбами
Вас тревожить не хотел.
Упиваясь неприятно
Хмелем светской суеты,
Позабуду, вероятно,
Ваши милые черты,
Легкий стан, движений стройность,
Осторожный разговор,
Эту скромную спокойность,
Хитрый смех и хитрый взор.

Puškin entschuldigt sich mit diesem Gedicht dafür, dass er es versäumt hatte, Ánna Vul'fs jüngere Schwester Ekaterína Vel'jáševa (1813–1865) zu besuchen, der er bereits im Herbst 1828 im Gut der Vul'fs begegnet war.

1 **Ижо́ры:** letzte Poststation vor Petersburg, die Puškin passierte, als er aus Georgien kommend durch das Gouvernement Tver' reiste. | 3 **воспо́мнить** (alt.): вспо́мнить: sich an etw. erinnern. | 9 f. **преклони́ть коле́ни:** die Knie beugen. | 13 f. **упива́ясь … хме́лем све́тской суеты́:** in dem berauschenden Trubel des gesellschaftlichen Lebens. | 17 **стан:** hier: Gestalt. | 20 **хи́трый:** hier: verschmitzt.

Если ж нет… по прежню следу
В ваши мирные края
Через год опять заеду
И влюблюсь до ноября.

(1829)

21 **по пре́жню сле́ду:** auf früherem Wege; d. h. auf der Reise zwischen Petersburg und Moskau. | 22 **ми́рные края́:** friedvolle Gegend.

Приметы

Я ехал к вам: живые сны
За мной вились толпой игривой,
И месяц с правой стороны
Сопровождал мой бег ретивый.

Я ехал прочь: иные сны…
Душе влюбленной грустно было,
И месяц с левой стороны
Сопровождал меня уныло.

Мечтанью вечному в тиши
Так предаемся мы, поэты;
Так суеверные приметы
Согласны с чувствами души.

(1829)

Die Adressatin dieses Gedichts konnte die Puškinforschung bis heute nicht ermitteln.

[Titel] **приме́та:** hier: Vorzeichen, Omen. | 2 **ви́ться** (вили́сь; v.): sich winden, kreiseln. | 3 **ме́сяц:** hier: Mond. | 4 **рети́вый:** eifrig, feurig. | 10 **предава́ться** (-даю́сь, -ёшься; uv.): sich (ganz) hingeben. | 11 **суеве́рный:** abergläubisch.

На холмах Грузии лежит ночная мгла;
  Шумит Арагва предо мною.
Мне грустно и легко; печаль моя светла;
  Печаль моя полна тобою,
Тобой, одной тобой… Унынья моего
  Ничто не мучит, не тревожит,
И сердце вновь горит и любит – оттого,
  Что не любить оно не может.

(1829)

Véra Vjázemskaja (1790–1886) schrieb diesen Vers Puškins späterer Frau Natál'ja zu; er ist jedoch vermutlich gerichtet an Maríja Volkónskaja (1805/07–1863), die ihn in der sibirischen Verbannung erhielt, wohin sie ihrem als Dekabrist verurteilten Ehemann gefolgt war.

1 **Грýзия:** Georgien, Grusinien; geschrieben während des Russisch-Türkischen Kriegs 1829 in Erzerum, als Puškin den Nordkaukasus, Georgien und Armenien bereiste. | 2 **шумéть:** hier: rauschen. | **Арáгва:** damals der russische Name des Flusses Aragvi im östlichen Georgien.

Калмычке

Прощай, любезная калмычка!
Чуть-чуть, на зло моих затей,
Меня похвальная привычка
Не увлекла среди степей
Вслед за кибиткою твоей.
Твои глаза конечно, узки,
И плосок нос, и лоб широк,
Ты не лепечешь по-французски,
Ты шелком не сжимаешь ног,
По-английски пред самоваром
Узором хлеба не крошишь,
Не восхищаешься Сен-Маром,
Слегка Шекспира не ценишь,
Не погружаешься в мечтанье,
Когда нет мысли в голове,

[Titel] **калмы́чка:** Kalmückin (Angehörige eines mongolischsprachigen Volks an der Wolga); Puškin spielt hier auf seine Erlebnisse in einem Zigeunerlager bei Kišinëv an. | 2–4 **чуть-чуть … не увлекла́:** beinahe hätte … mich hinterhergezogen, mich mitziehen lassen. | 2 **на зло мои́х зате́й:** entgegen meinen Absichten. | 3 **похва́льная привы́чка:** löbliche Angewohnheit. | 5 **киби́тка:** geschlossener Wagen, oder: Wanderzelt der Nomaden. | 8 **лепета́ть** (-ечу́, -е́чешь): plappern, plaudern, sprechen (ле́пет: Geplapper, Schwatzen). | 9 **ты шёлком не сжима́ешь ног:** du zwängst die Beine nicht in Seide. | 11 **узо́ром хле́ба не кроши́шь:** schneidest Brot nicht in Stücke; vermutlich Anspielung auf das ab 1760 in der englischen Literatur auftauchende Sandwich. | 12 **Сен-Мар:** Alfred de Vignys Roman (1826) über den Marquis de Cinq-Mars, einen Günstling des französischen Königs Ludwig XIII.

Не распеваешь: Ma dov'è,
Галоп не прыгаешь в собранье…
Что нужды?– Ровно полчаса,
Пока коней мне запрягали,
Мне ум и сердце занимали
Твой взор и дикая краса.
Друзья! не всё ль одно и то же:
Забыться праздною душой
В блестящей зале, в модной ложе,
Или в кибитке кочевой?

(22 мая 1829)

16 **распева́ть:** zu singen beginnen, anstimmen. | **ma dov'è:** (ital.) »aber wo ist«; Beginn einer Arie aus Gioacchino Rossinis Oper *La donna del lago* (1819). | 17 **гало́п не пры́гаешь в собра́нье:** du hüpfst nicht den »Galopp«-Tanz bei der Abendgesellschaft. | 19 **запряга́ть** (uv.): (Pferde) anspannen. | 23 **забы́ться пра́здною душо́й:** sich besinnungslos vergessen. | 24 **ло́жа:** hier: Theaterloge. | 25 **кочево́й:** Nomaden-, nomadenhaft.

Я вас любил: любовь еще, быть может,
В душе моей угасла не совсем;
Но пусть она вас больше не тревожит;
Я не хочу печалить вас ничем.
Я вас любил безмолвно, безнадежно,
То робостью, то ревностью томим;
Я вас любил так искренно, так нежно,
Как дай вам Бог любимой быть другим.

(1829)

Dieses Liebesgedicht für Ánna Olénina (s. Anm. S. 80 und 81) gehört zu Puškins bekanntesten und beliebtesten Gedichten. Es bildete die Textvorlage für die berühmte Arie in Tschaikowskys Oper *Eugen Onegin*.

5 **безнадёжный:** hoffnungslos; hier безнаде́жно zu lesen. | 7 **и́скренно:** искренний: innig, wahrhaftig, aufrichtig.

Поедем, я готов; куда бы вы, друзья,
Куда б ни вздумали, готов за вами я
Повсюду следовать, надменной убегая:
К подножию ль стены далекого Китая,
В кипящий ли Париж, туда ли наконец,
Где Тасса не поет уже ночной гребец,
Где древних городов под пеплом дремлют мощи,
Где кипарисные благоухают рощи,
Повсюду я готов. Поедем… но, друзья,
Скажите: в странствиях умрет ли страсть моя?
Забуду ль гордую, мучительную деву,
Или к ее ногам, ее младому гневу,
Как дань привычную, любовь я принесу?
— — — — — — — — — — — — — — — — — —

(1829)

3 **надме́нной убега́я:** der Hochmütigen entfliehend; die Puškin nicht sehr wohlgesinnte Mutter von Natál'ja Gončaróva (1812–1863) beschied seinen ersten Heiratsantrag ausweichend. | 4 **подно́жие:** Fuß (eines Berges, eines Gebäudes). | **стена́ далёкого Кита́я:** die Chinesische Mauer. | 5 **кипя́щий:** hier: hektisch, brodelnd. | 6 **где Та́сса не поёт уже ночно́й гребе́ц:** wo der Gondoliere nicht mehr nächtens Tasso singt. Der italienische Dichter Torquato Tasso (1544–1595) lebte zeitweise in Venedig. | 7 **где дре́вних городо́в под пе́плом дре́млют мо́щи:** wo die Überreste alter Städte unter der Asche schlummern. Gemeint sind die durch den Vesuv-Ausbruch 79 n. Chr. verschütteten römischen Städte Pompeji und Herculaneum, wo man seit dem 18. Jh. intensiv Ausgrabungen durchgeführt hatte. | 8 **где кипари́сные благоуха́ют ро́щи:** wo Zypressenhaine duften. Damit ist zu Puškins Zeiten Italien, vor allem die Toskana, gemeint. | 10 **в стра́нствиях:** auf Reisen, auf Wanderschaft. | 13 **дань** (f.): Tribut. | 14 Die auch in Puškins Manuskript verwendete Strichlinie zeigt an, dass dies ehemals ein Ausschnitt aus einer Elegie sein sollte (daher der frühere Titel »Элегический отрывок«).

Что в имени тебе моем?
Оно умрет, как шум печальный
Волны, плеснувшей в берег дальный,
Как звук ночной в лесу глухом.

Оно на памятном листке
Оставит мертвый след, подобный
Узору надписи надгробной
На непонятном языке.

Что в нем? Забытое давно
В волненьях новых и мятежных,
Твоей душе не даст оно
Воспоминаний чистых, нежных.

Но в день печали, в тишине,
Произнеси его тоскуя;
Скажи: есть память обо мне,
Есть в мире сердце, где живу я.

(5 января 1830)

Albumeintrag für die Polin Karolina Sobańska (1794–1885) auf deren Bitte um ein Autogramm. Puškin kannte sie aus Kiev, Odessa und St. Petersburg und liebte sie heiß.

4 **глухо́й лес:** dichter Wald. | 5 **па́мятный листо́к:** Gedenkblatt (eines Albums, in dem sich Freunde mit einem Eintrag ›verewigen‹). | 7 **узо́р на́дписи надгро́бной:** hier: das Aussehen einer Grabinschrift. | 14 **тоскова́ть:** sich sehnen.

Ответ

Я вас узнал, о мой оракул!
Не по узорной пестроте
Сих неподписанных каракул!
Но по веселой остроте,
Но по приветствиям лукавым,
Но по насмешливости злой
И по упрекам… столь неправым,
И этой прелести живой.
С тоской невольной, с восхищеньем
Я перечитываю вас
И восклицаю с нетерпеньем:
Пора! в Москву! в Москву сейчас!
Здесь город чопорный, унылый,
Здесь речи – лед, сердца – гранит;
Здесь нет ни ветрености милой,
Ни муз, ни Пресни, ни харит.

(1830)

Poetische Antwort auf einen Brief der schönen, literaturbeflissenen Ekaterína Ušakóva (1809–1872), deren Elternhaus in Moskau Puškin oft aufsuchte.

1 **ора́кул:** Orakel. | 2 f. **по узо́рной пестроте́ сих неподпи́санных кара́кул:** nach dem bunten Aussehen dieser nicht signierten Kritzelei. | 6 **насме́шливость:** Spott. | 10 **я перечи́тываю вас:** hier: ich lese Ihr Schreiben wieder und wieder. | 13 **чо́порный:** steif, geziert. Gemeint ist die Hauptstadt St. Petersburg. | 15 **ве́треность:** hier: Unbekümmertheit. | 16 **Пре́сня:** In dem am Rand Moskaus gelegenen Presnenskij rajon wohnte die Familie Ušakov.

Когда в объятия мои
Твой стройный стан я заключаю
И речи нежные любви
Тебе с восторгом расточаю,
Безмолвна, от стесненных рук
Освобождая стан свой гибкий,
Ты отвечаешь, милый друг,
Мне недоверчивой улыбкой;
Прилежно в памяти храня
Измен печальные преданья,
Ты без участья и вниманья
Уныло слушаешь меня…
Кляну коварные старанья
Преступной юности моей
И встреч условных ожиданья
В садах, в безмолвии ночей.
Кляну речей любовный шепот,
Стихов таинственный напев,
И ласки легковерных дев,
И слезы их, и поздний ропот.

(1830)

Das zu Puškins Lebzeiten unveröffentlichte Gedicht ist vor seiner Heirat entstanden und an seine Braut Natál'ja Gončaróva adressiert.

4 **расточáть:** hier: etw. über jdn. ausschütten. | 5 **стеснённый:** hier: eng ineinandergeschlossen. | 8 **недовéрчивый:** argwöhnisch, misstrauisch. | 10 **предáнье:** Überlieferung, Nachricht, Gerücht. | 13 **клясть** (кляну́; uv.): verfluchen, verwünschen. | 15 **услóвный:** verabredet. | 20 **рóпот:** Murren.

Элегия

Безумных лет угасшее веселье
Мне тяжело, как смутное похмелье.
Но, как вино – печаль минувших дней
В моей душе чем старе, тем сильней.
Мой путь уныл. Сулит мне труд и горе
Грядущего волнуемое море.

Но не хочу, о други, умирать;
Я жить хочу, чтоб мыслить и страдать;
И ведаю, мне будут наслажденья
Меж горестей, забот и треволненья:
Порой опять гармонией упьюсь,
Над вымыслом слезами обольюсь,
И может быть – на мой закат печальный
Блеснет любовь улыбкою прощальной.

(8 сентября 1830)

2 **сму́тное похме́лье:** trüber Katzenjammer, elender Kater (nach einem Rausch); geschrieben nach der Hochzeit einer von ihm geliebten Frau. | 5 **сули́ть:** verheißen, voraussagen. | 6 **грядýщее:** das Kommende, Zukünftige. | 8 **мы́слить:** denken. | 9 **ве́дать:** (alt.)wissen. | 10 **треволне́нье:** heftiges Wallen, Aufregung(en). | 11 **поро́й:** hier: eines Tages; d. h., es kommt die Zeit, da ... | 12 **над вы́мыслом слеза́ми оболью́сь:** ich werde weinen über meinen Fantasien.

Прощанье

В последний раз твой образ милый
Дерзаю мысленно ласкать,
Будить мечту сердечной силой
И с негой робкой и унылой
Твою любовь воспоминать.

Бегут меняясь наши лета,
Меняя всё, меняя нас,
Уж ты для своего поэта
Могильным сумраком одета,
И для тебя твой друг угас.

Прими же, дальная подруга,
Прощанье сердца моего,
Как овдовевшая супруга,
Как друг, обнявший молча друга
Пред заточением его.

(5 октября 1830)

Eines der Gedichte, die Puškin kurz vor seiner Hochzeit an die drei von ihm am meisten geliebten Frauen schrieb. Adressatin ist hier Elizavéta Voroncóva (s. Anm. S. 65).

13 **как овдове́вшая супру́га:** wie eine verwitwete Ehefrau; Puškin vergleicht in diesen drei Zeilen die Trennung von seinen früheren Lieben mit Witwenschaft und Verbannung.

Пред испанкой благородной
Двое рыцарей стоят,
Оба смело и свободно
В очи прямо ей глядят.
Блещут оба красотою,
Оба сердцем горячи,
Оба мощною рукою
Оперлися на мечи.

Жизни им она дороже
И, как слава, им мила;
Но один ей мил – кого же
Дева сердцем избрала?
«Кто, реши, любим тобою?» –
Оба деве говорят
И с надеждой молодою
В очи прямо ей глядят.

(1830)

2 **ры́царь:** Ritter. | 8 **опере́ться** (оперли́сь; v.): sich aufstützen. | **меч** (Gen.: -á): Schwert. | 9 **жи́зни им она́ доро́же:** teurer als das Leben ist sie ihnen.

Красавица

Всё в ней гармония, всё диво,
Всё выше мира и страстей:
Она покоится стыдливо
В красе торжественной своей;
Она кругом себя взирает:
Ей нет соперниц, нет подруг;
Красавиц наших бледный круг
В ее сияньи исчезает.

Куда бы ты ни поспешал,
Хоть на любовное свиданье,
Какое б в сердце ни питал
Ты сокровенное мечтанье, –
Но, встретясь с ней, смущенный, ты
Вдруг остановишься невольно,
Благоговея богомольно
Перед святыней красоты.

(1832)

Eintrag im Album der Gräfin Eléna Zavadóvskaja (1807–1874), die als erste Schönheit St. Petersburgs galt und mit deren Ehemann Puškin verkehrte.

1 **ди́во:** Wunder. | 12 **сокрове́нный:** geheim, innig. | 13 **смущённый:** verwirrt, verlegen. | 14 **нево́льно:** unwillentlich, unwillkürlich. | 15 f. **благогове́я богомо́льно пе́ред святы́ней красоты́:** verehrungsvoll und fromm zu diesem Heiligtum an Schönheit aufblickend.

К ***

Нет, нет, не должен я, не смею, не могу
Волнениям любви безумно предаваться;
Спокойствие мое я строго берегу
И сердцу не даю пылать и забываться;
Нет, полно мне любить; но почему ж порой
Не погружуся я в минутное мечтанье,
Когда нечаянно пройдет передо мной
Младое, чистое, небесное созданье,
Пройдет и скроется?.. Ужель не можно мне,
Любуясь девою в печальном сладострастье,
Глазами следовать за ней и в тишине
Благословлять ее на радость и на счастье,
И сердцем ей желать все блага жизни сей,
Веселый мир души, беспечные досуги,
Всё – даже счастие того, кто избран ей,
Кто милой деве даст название супруги.

(5 октября 1832)

Albumeintrag für eine Petersburger Adlige, Gräfin Nadéžda Sologúb (1815–1903), in der Puškins Ehefrau Natál'ja nicht ganz zu Unrecht eine Rivalin witterte.

6 **погрузи́ться** (-жу́сь: v.): sich vertiefen, sich versenken. | 14 **досу́г:** Muße, Freizeit. | 16 **кто ми́лой де́ве даст назва́ние супру́ги:** der dem lieben Mädchen den Namen »Ehefrau« geben (d. h. sie heiraten) wird.

Когда б не смутное влеченье
Чего-то жаждущей души,
Я здесь остался б – наслажденье
Вкушать в неведомой тиши:
Забыл бы всех желаний трепет,
Мечтою б целый мир назвал –
И всё бы слушал этот лепет,
Всё б эти ножки целовал…

(1833)

In der nicht erhaltenen Originalhandschrift heißt es: »1833, дорога, сентябрь«, was auf Puškins Begegnung mit einer Frau in oder bei Boldino hinweist, wo er zu jener Zeit weilte.

1 **влече́нье:** Drang, Trieb. | 2 **жа́ждущий** (+ Gen.): nach etw. dürstend.

Пора, мой друг, пора! покоя сердце просит –
Летят за днями дни, и каждый час уносит
Частичку бытия, а мы с тобой вдвоем
Предполагаем жить… И глядь – как раз – умрем.
На свете счастья нет, но есть покой и воля.
Давно завидная мечтается мне доля –
Давно, усталый раб, замыслил я побег
В обитель дальную трудов и чистых нег.

(1834)

Für seine Frau Natál'ja geschrieben, wahrscheinlich im Zusammenhang mit der beantragten, aber von Zar Nikolaus I. nicht gewährten Pensionierung.

3 **части́чка бытия́:** ein Stückchen unseres Daseins. | 6 **давно́ зави́дная мечта́ется мне до́ля:** schon lang erträum ich mir ein süßes Los (wörtl.: beneidenswertes Schicksal). | 7 **уста́лый раб:** ermattet und unfrei (wörtl: müder Sklave). | 7 f. **побе́г в оби́тель да́льную:** Flucht in eine ferne Heimstatt; aus Geldnot und weil er sich und seine Frau der mondänen Welt entziehen wollte, erwog Puškin, sich in einem Landgut zur Ruhe zu setzen.

Я думал, сердце позабыло
Способность легкую страдать,
Я говорил: тому, что было,
Уж не бывать! уж не бывать!
Прошли восторги, и печали,
И легковерные мечты…
Но вот опять затрепетали
Пред мощной властью красоты.

(1835)

Dieses Gedicht hat Puškin einige Wochen vor seiner Hochzeit mit Natál'ja Gončaróva (die am 18. Februar 1831 stattfand) in Rohfassung niedergeschrieben und 1835 vollendet.

3 f. **тому́, что бы́ло, уж не быва́ть:** das, was gewesen ist, soll nicht mehr sein.

От меня вечор Леила
Равнодушно уходила.
Я сказал: «Постой, куда?»
А она мне возразила:
«Голова твоя седа».
Я насмешнице нескромной
Отвечал: «Всему пора!
То, что было мускус темный,
Стало нынче камфора».
Но Леила неудачным
Посмеялася речам
И сказала: «Знаешь сам:
Сладок мускус новобрачным,
Камфора годна гробам».

(1836)

Gedicht nach einer arabischen Vorlage, die Puškin in französischer Übersetzung aus einer Anthologie (Paris 1835) kennenlernte. Im lyrischen Ich erahnt der Leser Puškins Erinnerungen an einstige Lebensfreude und die Verzweiflung ob seiner Lebenssituation.

1 **вечóр** (umg., alt.): gestern abend. | 4 **возразúть** (v.): entgegnen, antworten. | 6 **насмéшница:** Spötterin. | 8 **мýскус:** hier: Moschusöl; Aphrodisiakum, ein Mittel zur Steigerung der Libido. | 9 **камфорá:** Kampfer; Arznei gegen Durchblutungsstörungen bei älteren Menschen, die bei Überdosierung aber auch zu Verwirrtheit und zum Tod führen kann. | 13 **новобрáчные:** Jungverheiratete. | 14 **годнá гробáм:** taugt fürs Grab.

Editorische Notiz

Der russische Text folgt der Ausgabe: A. S. Puškin, *Polnoe sobranie sočinenij v desjati tomach*, Bd. 1–3: *Stichotvorenija [1813–1820; 1820–1826; 1827–1836]*, Moskau: Izdatel'stvo Akademii Nauk, 1956–57.

Das Glossar erklärt Wörter, die nicht oder nur in einem anderen Kontext in dem von Ljubov Jakovleva und Martin Schneider herausgegebenen *Thematischen Grund- und Aufbauwortschatz Russisch* (Stuttgart: Ernst Klett Sprache, 2010) aufgeführt werden.

Im Glossar verwendete Abkürzungen

Akk.	Akkusativ	jdn.	jemanden
alt.	veraltet	jds.	jemandes
Dat.	Dativ	m.	Maskulinum
Dim.	Diminutiv	Pl.	Plural
etw.	etwas	poet.	poetisch
f.	Femininum	umg.	umgangssprachlich
Gen.	Genitiv	uv.	unvollendeter Verbaspekt
Instr.	Instrumental	v.	vollendeter Verbaspekt
jdm.	jemandem	volkst.	volkstümlich

Zu Puškins Wortschatz in seinen Liebesgedichten und zu sprachlichen Besonderheiten

Auch wenn viele der nachstehend aufgeführten Wörter im *Thematischen Grund- und Aufbauwortschatz Russisch* von Ljubov Jakovleva und Martin Schneider enthalten sind, soll hier ein für die Lektüre hilfreicher Überblick über solche Begriffe gegeben werden, die in den in dieser Ausgabe versammelten Liebesgedichten Puškins besonders häufig auftauchen.

безнадёжный: hoffnungslos
безу́мие, безу́мство; безу́мный: Verrücktheit, Torheit, Unverstand, Wahnsinn, Narrheit; unvernünftig, töricht

ве́рный; неве́рный: treu; treulos
весёлый; весе́лье: fröhlich; Fröhlichkeit, Lustbarkeit, Vergnügen
взор; взира́ть: Blick; blicken, schauen
влюби́ться: sich verlieben
возлю́бленный: geliebt, Geliebter
воображе́ние: Einbildung, Fantasie

га́снуть, пога́снуть, угаса́ть: erlöschen, vergehen
го́ре, го́ресть; го́рестный: Leid, Kummer; kummervoll, traurig
грудь: Brust, Busen
грусть; гру́стный: Schwermut, Traurigkeit; traurig

дар; (о)дари́ть: Gabe, Geschenk; schenken
де́ва; де́вственный: Jungfrau, Maid; jungfräulich, keusch
душа́: Seele

забве́нье: Vergessen

краса́, красота́; краса́вица: Schönheit; schöne Frau

ласка́ть(ся); ла́сковый: liebkosen, liebkost werden; zärtlich, liebkosend
легкове́рный: leichtgläubig
ли́ра: Lyra, Leier
любе́зный; любова́ться; любо́вник; любо́вь: liebenswürdig; sich ergötzen, sich vergnügen; Geliebter, Liebhaber; Liebe

мгла: Nebel, Dunkel
мечта́: Traum
младе́нческий, младо́й; мла́дость: jugendlich, jung; Jugend
мрак; мра́чный: Dunkel(heit), Finsternis; finster, düster, schwermütig
му́ка, муче́ние; мучи́тельный; мучи́ть: Qual, Pein; quälend; quälen

наслажда́ться; наслажде́нье: genießen, sich ergötzen; Genuss, Wonne
не́га; не́жность; не́жный: Wonne; Zärtlichkeit; zärtlich, wonnig

обма́нывать, обману́ть; обма́нчивый: täuschen, trügen, betrügen; trügerisch, betrügerisch
обнима́ть(ся), обня́ть(ся); объя́тие: (sich) umarmen, umfangen; Umarmung
о́чи: Augen

печа́ль; печа́лить(ся); печа́льный: Trauer; trauern; traurig
пла́менный; пла́мя: flammend; Flamme
плени́ть, пленя́ть; плени́ться, пленя́ться; плен: fesseln, bezaubern; gefangen, bezaubert sein; Gefesseltsein, Bann
преле́стный; пре́лесть: anmutig, liebreizend; Anmut, Liebreiz
призна́ться, признава́ться; призна́ние: bekennen, eingestehen; Bekenntnis, Geständnis

разлучи́ть; разлу́ка: trennen; Trennung, Abschied
ревнова́ть; ревни́вый: eifersüchtig sein; eifersüchtig

сладостра́стный; сладостра́стье: wonnevoll; Wonne
сон: Schlaf, Traum
стра́стный; страсть: leidenschaftlich; Leidenschaft
су́мрак: Halbdunkel, Dämmerung
сча́стье; счастли́вец; (не)счастли́вый: Glück; Glücklicher, Glückseliger; (un)glücklich, vom Glück (nicht) begünstigt

томи́ться; томле́ние; томи́тельный: schmachten, leiden, sich nach etw. sehnen; Sehnsucht; quälend, bedrückend
тоска́; тоскова́ть: Sehnsucht; sich sehnen
тре́пет; трепета́ть; тре́петный: Zittern, Beben; zittern, beben; scheu, bebend
тьма: Finsternis, Dunkelheit

ужéль, ужéли: wirklich?, tatsächlich?, etwa?
уны́лый; уны́нье: verzagt, niedergeschlagen; Verzagtheit, Schwermut
шептáть, шепнýть; шёпот: flüstern; Flüstern

In den Gedichten begegnen uns gelegentlich sprachliche Besonderheiten. Soweit sie eine ältere Sprachform repräsentieren, markiert die Tatsache, dass Puškin neben der alten oft auch schon die neue Form verwendet, den Übergang zur modernen russischen Schriftsprache, die der Dichter maßgeblich geprägt hat. Andere Formen sind Varianten, wie sie allgemein in russischer poetischer Sprache vor allem des 19. Jahrhunderts häufig sind.

Wortverkürzungen:
  ль für ли; б für бы; иль für или; боле für более

alternative Wortformen:
  z. B. глас für голос; младой für молодой; дальная für дальняя; вкруг für вокруг; сокрыть für скрыть

alternative Formen der Endungen:
  z. B. творенье für творение; рукою für рукой; грустию für грустью; нежну руку für нежную руку, женски прелести für женские прелести; клянуся für клянусь; старалася für старалась

alternative Betonung:
  z. B. станови́тся statt стано́вится

Aussprache mit e statt mit ё:
  z. B. исступле́нный für исступлённый, безнаде́жно für безнадёжно

Lebens- und Schaffensperioden

Puškinforscher oder Puškinisten, wie sie auf Russisch heißen, teilen das Leben und Schaffen des großen Dichters meist in sechs Perioden ein. Diese Zeitabschnitte bestimmen in der Regel die äußere Struktur von Werkausgaben und spiegeln sich auch in Puškins Lyrik.

Puškins Liebesgedichte sind nicht selten mit dem genauen Tag, Ort und dem Anlass ihrer Entstehung bekannt, entweder weil der Autor oder Zeitgenossen dies vermerkt oder weil die Adressaten die Umstände des Entstehens festgehalten haben.

Allerdings lassen sich manche Werke, so auch einige der hier abgedruckten Episteln, Epigramme, Elegien, Oden oder Albumeinträge, nicht eindeutig einem Entstehungsdatum zuordnen, insbesondere dann, wenn sie von Puškin mehrfach überarbeitet oder umgewidmet wurden.

Die in diesem Buch unter den Gedichten angegebenen Jahreszahlen und Tagesdaten beziehen sich auf die jeweiligen Erstfassungen, wie sie vorliegen in A. S. Puškin, *Polnoe sobranie sočinenij v desjati tomach*, Bd. 1–3: *Stichotvorenija [1813–1820; 1820–1826; 1827–1836]*, Moskau: Izdatel'stvo Akademii Nauk, 1956–57 bzw. in der einen neueren Forschungsstand wiedergebenden Werkausgabe A. S. Puškin, *Polnoe sobranie sočinenij v dvadcati tomach*, Bd. 1: *Licejskie stichotvorenija. 1813–1817*, St. Petersburg: Nauka, 1999; Bd. 2: *Stichotvorenija*, Tl. 1: *Peterburg. 1817–1820*, ebd. 2004.

Schaffensperioden:

1814–17 Lyzeumszeit
1817–20 Petersburger Zeit
1820–24 Verbannung im Süden Russlands
1824–26 Exil im Heimatdorf Michájlovskoe
1826–30 Reife Schaffensperiode
1830–37 Zeit nach der Heirat mit Natál'ja Gončaróva

Zeittafel

1799 Aleksándr Sergéevič Púškin wird am 26. Mai (neuen Kalenderstils; alten Stils: 6. Juni) in Moskau im Hause seiner Eltern geboren. Der Vater gehört einer alten, verarmten Adelsfamilie an, die Mutter stammt von dem Äthiopier Abrám Ganibál (Hanibal) ab, den Peter I. einst als Pagen erworben und der es in die höhere Gesellschaft geschafft hatte.

1805–09 Im Winter lebt Sáša, wie er als Kind gerufen wird, bei seinen Eltern in Moskau, wo seine Mutter der Amme Ariána Rodiónova die Erziehung und einem Hauslehrer seine Bildung überlässt. Die Sommer verbringt er im nahegelegenen Dorf Zachárovo bei seiner Großmutter, von der er in die russische Folklore eingeführt wird. Diese drei Personen lehren ihn die russische Sprache, denn im Hause Puškin wird, wie in Adelsfamilien üblich, fast ausschließlich französisch parliert.

1809–11 Sein Vater und vor allem sein Onkel, mit dem er sich oft spielerisch in Reimen unterhält, sowie eifriges Schmökern in der Familienbibliothek machen Puškin früh eng vertraut mit poetischem Denken und Fühlen und überwiegend französischer Literatur. Der junge Aleksandr versucht sich an ersten Gedichten und Schauspielen in Molières Manier.

1811–17 Puškin besucht das eben erst gegründete Lyzeum in Cárskoe Seló, eine Bildungsanstalt für adlige Söhne und spätere Regierungs- und Verwaltungsbeamte. Russische und ausländische Lehrer vertiefen sein Wissen über Literatur.

Literarische Interessen und erwachende Liebesgefühle führen zu emphatischen Gedichten, wovon mehrere Ekaterína Bakúnina gewidmet sind, die er platonisch liebt.

Im Krieg gegen Napoleon, in Russland als Vaterländischer Krieg bezeichnet, brennt Moskau 1812 zu drei Vierteln ab, wodurch die Grande Armée zur Flucht gezwungen wird. Das patriotische Bewusstsein der russischen Aristokratie und auch des jungen Puškin erstarkt. Man wendet sich vom Französischen ab und englischen sowie deutschen Anregungen der Romantik zu.

In diesen Jahren greift Puškin zwar Strukturen und Inhalte der »poésie légère« des Sentimentalismus auf, dichtet aber auch romantische Elegien im Stil von Gray, Goldsmith, Goethe und Schiller. Er beginnt die Arbeit am Poem *Ruslán i Ljudmíla.*

Im März 1816 wird er in die literarische Gesellschaft »Arzamás« aufgenommen, in der bedeutende russische Romantiker über die Reformierung der russischen Literatursprache und des literarischen Stils diskutieren.

1817–19 Nach Abschluss des Lyzeums nimmt Puškin eine Anstellung als Sekretär im Kollegium für Auswärtige Angelegenheiten (Russlands Außenministerium) an.

Nach der Enge des Lyzeums genießt er das gesellschaftliche Leben in vollen Zügen. Er besucht eifrig das Theater und die Sitzungen der »Arzamas« (sie löst sich 1818 auf). Puškin tritt in die Literatur- und Theatergemeinschaft »Grüne Lampe« ein und begegnet dem Dichter Aleksandr Griboédov.

Jugendlicher Unabhängigkeits- und Freiheitsdrang verbindet den Dichter mit revolutionären Adligen, den späteren Dekabristen. Er schließt sich ihnen jedoch nicht an.

1819 Puškin begegnet seiner ersten wahren Liebe, Ánna Kern. Er widmet ihr einige seiner schönsten Liebesgedichte.

1820–22 Die Ode »Vol'nost'« (»Die Freiheit«, 1817) und Spottgedichte auf hohe Amtspersonen führen zu Puškins »Strafversetzung« nach Ekaterinosláv (heute Dnepropetróvsk).

In dieser Zeit bereist er Russlands Süden, die Krim und Bessarabien und zeigt Interesse an Geschichte, Folklore und an dem Freiheitskampf der südlichen Völker, darunter auch der von den Türken unterjochten Griechen.

Puškin lebt einige Zeit bei General Raévskij, in dessen Tochter Maríja er sich rasend verliebt, und reist mit der Familie in den Kaukasus.

Seine ausschweifende Lebensweise in Kišinëv und Odessa, Bordellbesuche und Bekanntschaften mit Frauen bringen ihm mehrere Duellforderungen ein, die zu seinem Glück folgenlos bleiben. In diesen Jahren lernt er Lord Byron kennen und empfängt aus dessen romantischen Werken nachhaltige Anregungen.

Der Liebe zu der nach Bessarabien geflohenen Griechin Kalypso Polichroni entspringt das Gedicht »Grečanke« (»An eine Griechin«).

Es entstehen unter anderem die Poeme *Kavkazskij plennik* (*Der Gefangene im Kaukasus*) und *Brat'ja razbojniki* (*Die Räuberbrüder*).

1823 Puškin beginnt das große Versepos *Evgénij Onégin*, in dessen Protagonisten sich jene »Verschmelzung von Aristokratismus und Dandyismus« (Driver, 1929) spiegelt, die ihn selbst charakterisiert.

Er wird nach Odessa in die Kanzlei des neuen Generalgouverneurs versetzt, verliebt sich unsterblich in dessen Frau Elizavéta Voroncóva und zugleich in die extravagante Amálija Ríznič, Gemahlin eines italienischen Händlers, der er das Gedicht »Prostiš' li mne revnivye mečty« (»Verzeihst du mir die eifersücht'gen Träume«) widmet.

Der Dichter vollendet das im romantischen Stil Byrons verfasste Krim-Poem *Bachčisarájskij fontan* (*Der Springbrunnen von Bachtschissaraj*), das ihm, wie es bei ihm selten der Fall ist, ein ansehnliches Honorar einbringt.

1824–25 Eine Flucht nach Konstantinopel wird vereitelt; der Zar veranlasst im Sommer 1824 Puškins Verbannung in das elterliche Gut Michájlovskoe. Dort betreibt der inzwischen arrivierte Dichter literarische, folkloristische und historische Studien, überwirft sich aber mit seinem Vater, der sich als sein »Aufpasser« hergibt und ihn sehr kurz hält.

Es entstehen unter anderem die Tragödie *Borís Godunóv* und das Gedicht »Fontanu Bachčisarajskogo dvorca« (»Auf den Springbrunnen des Palasts von Bachtschissaraj«).

Der Dichter steht im Briefwechsel mit Freunden, verkehrt mit den Töchtern von Praskóv'ja Ósipova-Vul'f im Nachbargut Trigórskoe, denen er liebevolle Gedichte zueignet, und sieht die geliebte Anna Kern wieder. Ihr überreicht er beim Abschied im Juli 1825 sein bekanntestes Liebesgedicht »Ja pomnju čudnoe mgnoven'e« (»Ich gedenke eines wunderbaren Augenblicks«).

Anfang Dezember 1825 erfährt er vom Tod Alexanders I. und schöpft neue Hoffnung auf Rückkehr in die zivilisierte Urbanität, das heißt nach Moskau und St. Petersburg.

1826 In St. Petersburg werden fünf Führer des Dezemberaufstands adliger Revolutionäre, der Dekabristen von 1825, hingerichtet, viele weitere verbannt. Puškin ist tief getroffen.

Nach einer Audienz bei Nikolaus I. im Sommer darf Puškin wieder in die Stadt an der Nevá und nach Moskau, wird aber der persönlichen Kontrolle durch den Zaren unterworfen, der ihn noch immer revolutionärer Gedanken und Umtriebe verdächtigt.

Die alte und die neue Hauptstadt Russlands begrüßen die Rückkehr des inzwischen bekannten und verehrten Dichters, der unverzüglich Musik, Theater und gesellschaftliche Vergnügungen aufsucht, von Damen der Gesellschaft hofiert wird und diesen seinerseits den Hof macht.

Puškin hat jedoch inzwischen das unstete Leben satt. Er macht sich erstmals Hoffnungen auf eine feste Bindung.

1828 Puškins Bitte, mit der Armee in den Kaukasus ziehen zu dürfen, wird von Graf Alexander von Benckendorff (dem Chef der Geheimpolizei, der sogenannten III. Abteilung) abschlägig beschieden.

Seiner kurzzeitigen Verlobten Ánna Olénina widmet Puškin »Ty i vy« (»Du und Sie«), »Ee glaza« (»Ihre Augen«) und andere zarte Gedichte.

Auf Gesellschaftsabenden bei Ekaterína Karamzína, in die sich der Dichter heftig verliebt, brilliert er mit Beispielen aus seinem Schaffen.

Er setzt sich in mehreren Werken mit der Rolle des Dichters in der Gesellschaft auseinander, z. B. in dem Gedicht »Prorok« (»Der Prophet«).

Puškin hat sich zu verantworten für das satirische Gedicht »Gavriiliada« (»Gabrieliade«), in dem er die biblische Legende von der unbefleckten Empfängnis Marias frivol travestiert, um, wie er meint, auf diese Weise die religiöse Heuchelei seiner Zeitgenossen zu entlarven. Das Werk zieht indes keinerlei Bestrafung nach sich. Spätere Werke bezeugen vielmehr Puškins genaue Kenntnis und ein tiefes Verständnis der Bibel.

Im Dezember lernt er seine spätere Frau Natál'ja Nikoláevna Gončaróva kennen.

1829 Puškins Heiratsantrag wird von den Eltern Natal'ja Nikolaevnas zunächst unbestimmt beantwortet.

Puškin begleitet trotz Verbots die russische Armee im Russisch-Türkischen Krieg nach Süden und wird Augenzeuge der Einnahme der in Anatolien gelegenen Stadt Erzurum (sein Bericht *Putešestvie v Arzrúm* erscheint 1836).

Es entsteht das an Ánna Olénina gerichtete Gedicht »Ja vas ljubil: ljubov' ešče, byt' možet« (»Ich liebte Sie: die Liebe ist vielleicht noch«).

1830 Sich sehr bedrückt und gegängelt fühlend, möchte Puškin andernorts mehr Freiheiten genießen und beantragt eine Reise nach China; auch sie wird abgelehnt.

Nikolaus genehmigt persönlich die Veröffentlichung der Tragödie *Boris Godunov*.

Im April trägt Puškin seinen Heiratsantrag ein zweites Mal vor, diesmal erfolgreich.

Zur Regelung seiner Vermögensverhältnisse begibt er sich am 31. August auf das Gut Bóldino, das er vom Vater zur Hochzeit erhält. Dort wird er durch eine Cholera-Epidemie bis Anfang Dezember aufgehalten und durchlebt im sogenannten »Boldino-Herbst« seine glücklichste und ertragreichste Schaffensperiode. In kurzer Zeit entstehen Märchen, Erzählungen, Tragödien, Poeme und Elegien bzw. werden vollendet.

Puškin schreibt Gedichte wie »Čto v imeni tebe moem?« (»Was liegt dir an meinem Namen?«) für die Polin Karolina Sobańska, die er von früher kannte und liebte. Er verfasst die unverfängliche »Antwort« (»Otvet«) an eine schöne Verehrerin, aber auch solch innige Zeilen für seine künftige Frau wie »Kogda v ob"jatija moi« (»Wenn in meine Umarmungen«).

Ungeachtet der Fruchtbarkeit dieser Periode verliert Puškin jedoch in den dreißiger Jahren bei den in wachsendem Maße demokratisch und progressiv gesinnten Lesern seine ganz große, volkstümliche Popularität. Man warf ihm seine Ambivalenz als vom Zaren (scheinbar) begünstigter und den Dekabristen (anscheinend) nahestehender Dichter vor. Seine Werke verkaufen sich schlechter als die der stürmischen Jugendjahre. Die Geldnöte mehren sich.

1831 Im Februar heiraten Puškin und Natal'ja Gončarova in Moskau. Noch vor der Hochzeit war das Gedicht »Ja dumal, serdce pozabylo« (»Ich dachte schon, mein Herz hätte vergessen«) entstanden. Nun aber schreibt der Dichter, er fühle sich »wie neugeboren« (*Puškinskaja ėnciklopedija*, 1999).

Im Mai lernt Puškin in Petersburg den jungen Nikoláj Gógol' kennen, dem er großen Ruhm voraussagt und literarischen Rat gibt.

Im November wird der Dichter offiziell wieder in das Staatliche Kollegium für Auswärtige Angelegenheiten aufgenommen, aber in einem Rang (Titularrat) und mit einem Salär, die seines Alters und Ansehens spotten. Puškin ist wütend und verzweifelt.

Dank wohlhabender Verwandtschaft kann seine Frau – zum Kummer des Dichters, der, wie die Sitte es will, stets mit dabei sein muss – am mondänen Leben der oberen Gesellschaft und später des Hofes teilhaben. Natal'ja wird von allen bewundert und hofiert.

Puškin ist frustriert. Er sehnt sich nach Unabhängigkeit, streitet sich häufig und oft aus trivialen Gründen. Er arbeitet in dieser Zeit unter gewaltigem psychischen Druck.

1832 Puškin arbeitet im Kollegium, darf die Voltaire-Bibliothek in der Eremitage sichten, besucht Vorlesungen an der Moskauer Universität, beginnt die Erzählung *Dubrovskij* und verfasst Gedichte und Albumeinträge wie jenen an Gräfin Sollogúb, in der Natal'ja Nikolaevna, seine Gemahlin, nicht

zu Unrecht eine Rivalin vermutet: »Net, net, ne dolžen ja, ne smeju, ne mogu« (»Nein, nein, ich darf es nicht, ich wag' es nicht, ich kann nicht«).
Tochter Maríja wird geboren.

1833 Die Povest' *Kapitanskaja dočka* (*Die Hauptmannstochter*) wird begonnen, der *Dubrovskij* abgeschlossen. Im März erscheint *Evgenij Onegin*, bisher kapitelweise vorab veröffentlicht, erstmalig als Gesamtwerk.
Sohn Aleksándr wird geboren.
Puškin erhält die Genehmigung für eine viermonatige Reise durch die Gouvernements Orenburg und Kazan', um Material für eine Geschichte des Pugačëv-Aufstands zu sammeln. Auf höchsten Befehl wird er zum Kammerjunker ernannt, gleichfalls ein Rang, der eigentlich sehr jungen Adligen zum Karrierebeginn zugesprochen wird – eine ehrabschneidende Zurücksetzung des gereiften Dichters!
In seinen Gedichten wendet sich Puškin verstärkt historischen und philosophischen Themen zu. Kein großes Liebesgedicht entsteht, lediglich die sehnsüchtige Schilderung der flüchtigen Begegnung mit einer schönen Unbekannten in »Kogda b ne smutnoe vlečen'e« (»Wär' nicht der vage mich bedrängende Trieb«).

1834 Natal'ja Nikolaevna wird bei Hofe eingeführt. Die Kosten für Lebensunterhalt und Arbeit erhöhen sich. Puškin reicht seinen Abschied vom Dienst ein, um die Ausgaben zu verringern und mehr Zeit zum Arbeiten zu haben, zieht den Antrag jedoch auf Anraten von Freunden wieder zurück und begibt sich erneut für einen Herbstmonat nach Boldino.
Die Povest' *Pikovaja dama* (*Pique Dame*) und das historische Werk über den Bauernführer Pugačëv erscheinen. Wahrscheinlich im Zusammenhang mit der missglückten Abdankung schreibt er das an seine Frau adressierte Gedicht »Pora, moj drug, pora! pokoja serdce prosit« (»'s ist Zeit, mein Freund, 's ist Zeit! das Herz verlangt nach Ruhe«). Puškin, mit 35 Jahren zu jener Zeit kein junger Mann mehr,

verspürt die Sehnsucht, sich vom gesellschaftlichen Leben zurückzuziehen und in Ruhe schaffen zu können.

1835 Der Sammelband *Poėmy i povesti Aleksandra Puškina*, das Märchen *Skazka o rybake i rybke* (*Märchen vom Fischer und dem Fischlein*) und der vierte Teil seiner Gedichtsammlung erscheinen. Die geringen Einnahmen daraus vermögen die Geldnöte nicht zu lindern. Graf Benckendorff genehmigt Puškin die Aufnahme einer Staatsanleihe von 30 000 Rubeln. Sohn Grigórij wird geboren.

Frühere lyrische Ideen werden aufgegriffen und überarbeitet: »Ja dumal, serdce pozabylo« (»Ich dachte, mein Herz hätte schon vergessen«).

1836 Puškin erhält die Erlaubnis, die Literaturzeitschrift *Sovremennik* (»Der Zeitgenosse«) herauszugeben, ein Fortschritt in seinem stark von der Zensur beeinträchtigten Schaffen. Jedoch nur ein Viertel der erwarteten 2500 Abonnenten stellt sich ein. Die Geldnöte halten an.

Im März stirbt seine Mutter.

Im November erhält Puškin ein anonymes Schreiben, das die Ehre seiner Frau grob verletzt. Fast kommt es zum Duell mit dem vermutlichen Autor, dem lebenslustigen französischen Gardeoffizier in russischen Diensten Georges-Charles d'Anthès (adoptierter van Heeckeren), der die Herzen vieler Frauen erobert und Natal'ja Nikolaevna aufdringlich den Hof macht. Diese lässt sich zwar zu einer Liebeserklärung an ihn hinreißen, versagt ihm aber in Treue zu ihrem Mann weitere Zugeständnisse. Auf d'Anthès haben viele Frauen ein Auge geworfen, auch Natal'jas Schwestern Ekaterína und Aleksandrína »warten bereits ungeduldig hinter der Bühne«[1].

Es entsteht Puškins ahnungsvolle Rückschau auf sein Lebenswerk, das Gedicht »Exegi monumentum« (»Ja pamjatnik sebe vozdvig« – »Ein Denkmal hab ich mir errichtet«). In diesem und in anderen lyrischen Werken gedenkt der einst

1 Serena Vitale, *Puschkins Knopf*, Roman, aus dem Ital. übers. von Irmengard Gabler, Frankfurt a. M. 1997, S. 94.

so lebensfrohe Poet früherer Freuden und lässt sinkenden Lebensmut erahnen.

1837 Im Januar heiratet d'Anthès Puškins Schwägerin Ekaterina: offiziell zur Beilegung des Konflikts um Natal'ja Nikolaevna, vermutlich jedoch eher, um dieser täglich nahe sein zu dürfen, denn beide Schwestern Natal'jas, die wie viele andere den Lebemann d'Anthès umschwärmen, wohnen bei den Puškins.

Der zunehmend mit Prosa beschäftigte Dichter arbeitet an einer Geschichte Peters I.

Der eifersüchtige Gatte und der Frauenliebling bleiben nach nur kurzer Beruhigung der Gemüter unverändert auf Kriegsfuß miteinander. Die schwelenden Ehrenhändel zwischen Puškin und dem stichelnden d'Anthès brechen wieder auf und führen schließlich zum Duell.

Zwei Tage nach dem Pistolenduell, am 29. Januar, stirbt Puškin in seinem Haus. Zehntausende pilgern dorthin, um ihre Verehrung für den großen Dichter zu bekunden. Aus Angst vor weiteren Sympathiebekundungen überführt man Puškins Leichnam auf Staatskosten in das Svjatogórskij-Kloster bei Pskov und beerdigt ihn dort heimlich.

Der Zar übernimmt einen Teil von Puškins Schulden und versorgt dessen Familie. Eine ›Großzügigkeit‹, die für den Dichter zu spät kommt, der Familie aber den Absturz ins gesellschaftliche Abseits erspart.

Frauen in Puškins Leben

Frauen beeinflussten das Denken, Leben und Schaffen Puškins bis hin zu seinem tragischen Tod. Große Dichter scheinen in besonderem Maße dieses Lebenselixiers als Muse für ihr Schaffen zu bedürfen. Zu Lebzeiten Puškins, nur in weit höherem Alter als dieser, prägte Johann Wolfgang Goethe in seinem *Faust* die oft zitierten Worte: »Das ewig Weibliche zieht uns hinan.«

Die folgende alphabetisch geordnete Aufzählung von Frauen im Umfeld Puškins ist bei weitem nicht vollständig. Sie umfasst nur jene Frauen, die in dieser Ausgabe in den Gedichten und in den Erläuterungen erwähnt werden und zu Puškins amourösen Beziehungen zu zählen sind.

Eine ebenfalls nicht vollständige Liste der von Puškin mehr oder weniger offen zur Schau getragenen oder verborgenen, aber stets in seine Werke eingeflossenen Liebesverhältnisse enthält die 1829 von seiner Hand in ein Album der Elizavéta Ušakóva eingetragene »Don-Juan-Liste«. Allerdings sind nicht alle dort genannten Namen eindeutig zuzuordnen.[1]

Umfassende Angaben zu den Frauen (und Männern) in Puškins Leben sowie detaillierte Angaben über sie enthält zum Beispiel die ausgezeichnete *Puškinskaja ėnciklopedija 1799–1999*.

Nicht in unsere Liste aufgenommen haben wir die in der vorliegenden Ausgabe erwähnte Natál'ja, eine leibeigene Schauspielerin des Haustheaters von Graf Tolstoj, für die viele der Lyzeumsschüler in Cárskoe Seló schwärmten (s. S. 9). Auch Ól'ga Kalášnikova soll nicht unerwähnt bleiben, eine Leibeigene auf dem elterlichen Gut in Michájlovskoe, die Puškin schwängerte, jedoch, weil eine Heirat aufgrund der damaligen sozialen Verhältnisse nicht in Frage kam, verließ. Immerhin veranlasste er, dass sie und das Kind mit dem Nötigsten versorgt wurden.

1 http://ru.wikipedia.org/wiki/Донжуанский_список_Пушкина. Vgl. Leonid Arinštejn, *Preobraženie Don-Žuana. Liričeskij dnevnik Puškina*, Moskau 2000; und vom selben Autor: *Puškin. Nepričesannaja biografija*, 4., erw. Aufl. Moskau 2007.

Bakúnina, Ekaterína Pávlovna (1795–1869)
Schwester von Michaíl Bakúnin, einem Mitschüler Puškins am Lyzeum. Für sie schwärmten außer ihm noch andere Schüler.

Gončaróva, Natál'ja Nikoláevna (1812–1863)
Seit 1831 mit Puškin verheiratet, nach Puškins Tod Heirat mit Petr Lánskij. Kinder aus der Ehe mit Puškin: Aleksándr, Grigórij, Maríja und Natál'ja. Puškin lernte sie im Winter 1828/29 kennen und verliebte sich sofort in die schöne junge Frau. Er war schon seit geraumer Zeit auf eine Ehe und seinen Rückzug ins private Leben und Schaffen bedacht gewesen.

Kantakúzen, Eléna Michájlovna (1794–1854)
Die geborene Fürstin Gorčakóva wurde 1814 im Lyzeum von Carskoje Selo mit Puškin bekannt, wo sie ihren Bruder besuchte.

Kern, Ánna Petróvna (1800–1879)
Die Nichte von Praskóv'ja Ósipova hatte ihre erste Begegnung mit Puškin im Januar/Februar 1819 bei Familie Olénin. Später begegneten sie sich noch öfter; erst nach Puškins Heirat ließ der intensive gesellschaftliche Verkehr nach.

Kočubéj, Natál'ja Víktorovna (1800–1854)
Bekanntschaft und vertrauter Umgang miteinander gehen zurück auf die ersten Lyzeumsjahre in Carskoje Selo; wo Natal'ja den Sommer mit ihren Eltern verbrachte. Augenzeugen berichten, dass sie Puškins erste Liebe gewesen sei. In seinen letzten Lebensjahren begegneten sich die beiden noch des öfteren bei gesellschaftlichen Anlässen.

Massón, Ól'ga (1796–1830)
Eine Bekanntschaft Puškins aus der Petersburger Halbwelt. Der in heißer Liebe zu ihr entflammte Dichter widmete ihr mehrere Gedichte.

Ósipova, Aleksándra Ivánovna (1808–1864)
Stieftochter von Praskóv'ja Ósipova und mit Puškin langjährig durch dessen Besuche auf dem Gut Trigórskoe bekannt. 1824–26 hatten sie eine Liaison, die in mehreren Werken ihren Niederschlag fand.

Olénina, Ánna Alekséevna (1808–1888)
Puškin besuchte den Salon der Olenins seit 1817. Erst Ende der zwanziger Jahre begegneten sie sich wieder. Anna hielt den Dichter für den interessantesten Menschen seiner Zeit. Beide verliebten sich ineinander. Puškin widmete ihr viele Liebesgedichte. Die beiden verlobten sich, aber Annas Eltern wiesen den Dichter wohl wegen vermuteter politischer Unzuverlässigkeit ab.

Raévskaja, Maríja Nikoláevna (1805–1863)
Die verheiratete Volkónskaja lernte Puškin bereits in St. Petersburg bei der Familie Raevskij kennen. Sie traf ihn in Kiev und Ekaterinoslav wieder und kam ihm während der gemeinsamen Reise auf die Krim besonders nah. Die freundschaftlichen und tiefen, aber wohl platonischen Beziehungen setzten sich in Kišinëv und Odessa fort. Nach dem Bericht von Zeitgenossen verfasste Puškin für sie sein Poem *Bachčisarajskij fontan* (*Der Springbrunnen von Bachtschissaraj*). Einige Biographen vermuten in ihr Puškins »geheime Liebe« (*Puškinskaja ėnciklopedija*, 1999).

Ríznič, Amálija (1803–1825)
Tochter eines Wiener Bankiers und seit 1822 verheiratet mit Iván Ríznič. Puškin wurde in Odessa mit ihr bekannt (1823–24) und traf sich mit ihr und ihrem Ehemann häufig in dessen Haus und in der Odessaer Gesellschaft. Nach Schwangerschaft und Geburt ihres Sohnes Aleksándr verlässt sie Odessa. Puškins Liebe zu Amalija ist außer in Gedichten auch dadurch belegt, dass er sie in seine »Don-Juan-Liste« einreihte.

Sobán'skaja, Karolína Ádamovna (1794–1885)
Die Polin Karolina Sobańska, geborene Gräfin Rzewuska, lebte nicht mit ihrem Mann zusammen, sondern halboffiziell mit Iván Vitt,

einem Generalleutnant, der den Dekabristen und auch Puškin nachspionierte. Puškin begegnete Karolina Sobańska erstmals in Kiev (1821) und später noch öfter in Odessa und Petersburg. Nach Aussage von Zeitgenossen war die außergewöhnlich schöne Frau dem Dichter »nicht gleichgültig« (*Puškinskaja ėnciklopedija*, 1999). Von tiefen Gefühlen zueinander zeugt der Briefwechsel zwischen beiden.

SOLLOGÚB, NADÉŽDA L'VÓVNA (1815–1903)
Zeitgenossen berichten, dass Puškin der Gräfin Sollogub offen den Hof machte, was seiner Frau wiederholt und berechtigt Anlass zu Eifersucht gab.

UŠAKÓVA, EKATERÍNA NIKOLÁEVNA (1809–1872)
Eine Moskauer Bekannte Puškins in den Jahren 1826–30, deren Elternhaus er sehr oft besuchte. Er empfand für sie eine große Leidenschaft und gab ihr auf Bällen und bei anderen Gelegenheiten häufig den Vorzug. Vor ihrer Heirat mit Dmítrij Naúmov (1837) musste Ekaterina Nikolaevna auf dessen Verlangen ihre Alben mit Gedichten und vielen Zeichnungen Puškins verbrennen. In eines der Alben ihrer Schwester Elizavéta Nikolaevna trug Puškin die oben erwähnte, halb scherzhaft, halb ernsthaft gemeinte »Don-Juan-Liste« ein.

VEL'JÁŠEVA, EKATERÍNA VASÍL'EVNA (1813–1865)
Nichte der Gutsbesitzerin Praskóv'ja Ósipova und Ánna Vul'fs jüngere Schwester, der Puškin im Herbst 1828 bei einem Aufenthalt auf dem Vul'fschen Gut in Trigórskoe begegnete.

VORONCÓVA, ELIZAVÉTA KSAVÉR'EVNA (1792–1880)
Eine geborene Gräfin Braníckaja und entfernte Verwandte Puškins, die er nicht vor 1823 kennenlernte. Er besuchte ihren Salon in Odessa sehr häufig. Zeitgenossen und der Dichter selbst bezeugen eine große Leidenschaft für sie.

Vul'f, Ánna Nikoláevna (1799–1857)
Die ältere Tochter von Praskóv'ja Ósipova aus erster Ehe. Sie und Puškin begegneten sich erstmals im Gut Michájlovskoe und später noch oft. Sie verehrte den gleichaltrigen Dichter ihr Leben lang, und ihre Liebe wurde erwidert.

Vul'f, Evpráksija Nikoláevna (1809–1883)
Die Tochter von Praskóv'ja Ósipova aus erster Ehe und spätere Baronin Vrévskaja war eine enge Freundin Puškins. Ihre Bekanntschaft und ihr Verkehr miteinander begannen im Sommer 1817 auf den Landgütern Trigórskoe und Michájlovskoe.

Zavadóvskaja, Eléna Michájlovna (1807–1874)
Puškin lernte sie gegen Ende der zwanziger / Anfang der dreißiger Jahre kennen und war tief beeindruckt von ihrer Schönheit. In seinem *Evgenij Onegin* taucht sie in der Gestalt der Nína Vorónskaja auf.

Karte Russlands mit für Puškin wichtigen Orten

Die Karte zeigt Russland zu Lebzeiten Puškins in der ersten Hälfte des 19. Jahrhunderts. Eingetragen sind die für die vorliegende Gedichtausgabe relevanten Orte und Gebiete sowie zur besseren Orientierung die Städte Novgorod (3) und Nižnij Novgorod (6). Die Karte ist nicht maßstabsgerecht, sie lässt aber deutlich die entfernt liegenden Aufenthaltsorte und Reiseziele des Dichters erkennen.

Puškins unstetes Leben führte ihn in viele weitere russische Gebiete. Er, der nie im Ausland sein durfte – sieht man vom Betreten des Feindeslandes im Russisch-Türkischen Krieg ab –, durchquerte Tausende Kilometer des europäischen Teils Russlands, was wesentlich dazu beitrug, dass er seinen Wortschatz um Begriffe aus russischen Idiomen und Dialekten erweitern konnte.

1 Carskoe Selo (heute: Puškin) 2 Ižory 3 Novgorod 4 Pskov 5 Kazan' 6 Nižnij Novgorod 7 Tver' 8 Michajlovskoe 9 Trigorskoe 10 Puškinskie Gory 11 Arzamas 12 Zacharovo 13 Boldino 14 Orenburg 15 Ekaterinoslav (heute: Dnepropetrovsk) 16 Kišinëv 17 Odessa 18 Bachčisaraj 19 Erzurum (Türkei)

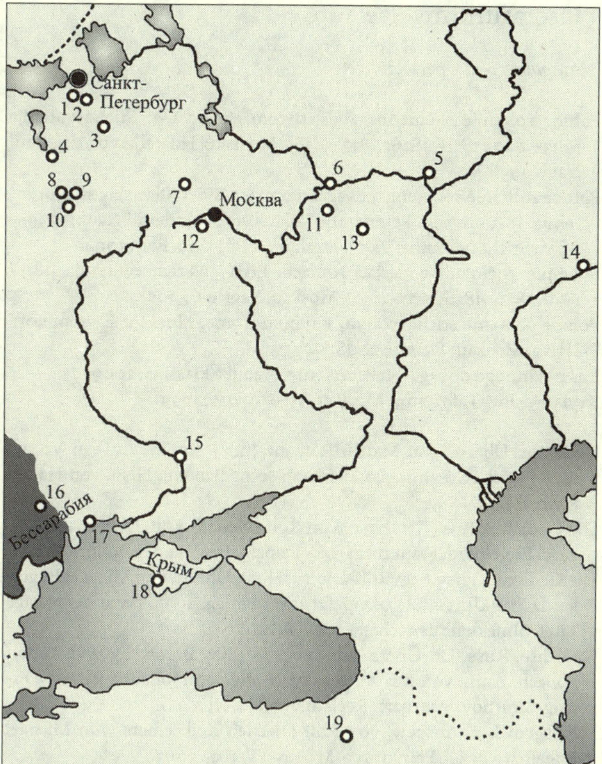
Санкт-
Петербург
1
2
3
4
5
6
7
8
9
10
Москва
11
12
13
14
15
16
Бессарабия
17
Крым
18
19

Literaturhinweise

Ausgaben und Übersetzungen

Polnoe sobranie sočinenij v desjati tomach. Bd. 1–3: Stichotvorenija [1813–1820; 1820–1826; 1827–1836]. Moskau: Izdatel'stvo Akademii Nauk, 1956–57.

Polnoe sobranie sočinenij v dvadcati tomach. Bd. 1: Licejskie stichotvorenija. 1813–1817. St. Petersburg: Izdatel'stvo Akademii Nauk, 1999. – Bd. 2: Stichotvorenija. Tl. 1: Peterburg. 1817–1820. Ebd. 2004.

Sobranie sočinenij v desjati tomach. Bd. 1–3: Stichotvorenija [1813–1820; 1820–1826; 1827–1836]. Moskau: Vagrius, 2005.

Polnoe sobranie stichotvorenij v odnom tome. Moskau: Ėksmo, 2011.

Lirika. Moskau: Ėksmo, 2008.

Čas nevinnogo dosuga. St. Petersburg: Azbuka klassika, 2009.

Krylatye slova i aforizmy. Moskau: Voskresen'e, 1999.

Gedichte. Übertr. von Martin Remané [u. a.]. Berlin: Aufbau Verlag, 1968 [u. ö.]. (Gesammelte Werke in sechs Bänden. Hrsg. von Harald Raab. Bd. 1.)

Die Gedichte. Russ./Dt. Hrsg. von Rolf-Dietrich Keil. Übertr. von Michael Engelhard. Frankfurt a. M. / Leipzig: Insel Verlag, 1999.

Die Gedichte. Hrsg. von Rolf-Dietrich Keil. Übertr. von Michael Engelhard. Frankfurt a. M. / Leipzig: Insel Verlag, 1999. [Wie der vorige Titel, ohne den russischen Originaltext.]

Gedichte. Russ./Dt. Übers. und hrsg. von Kay Borowsky und Rudolf Pollach. Anm. von Kay Borowsky. Nachw. von Johanna Renate Döring-Smirnov. Stuttgart: Reclam, 1998 [u. ö.].

Liebesgedichte. Ausgew. von Rolf-Dietrich Keil. Übers. von Michael Engelhard [u. a.]. Frankfurt a. M.: Insel Verlag, 2003.

Sekundärliteratur

A. S. Puškin. Pro et contra. Ličnost' i tvorčestvo Aleksandra Puškina v ocenke russkich myslitelej i issledovatelej. 2 Bde. St. Petersburg 2000.

Achmatova, Anna: O Puškine. Leningrad 1977.

Andrew, Joe / Reid, Robert: Two Hundred Years of Pushkin. 3 Bde. Amsterdam / New York 2003.

Arinštejn, Leonid: Preobraženie Don-Žuana. Liričeskij dnevnik Puškina. Moskau 2000.

– Puškin. Nepričesannaja biografija. 4., erw. Aufl. Moskau 2007.

ARION. Jahrbuch der Deutschen Puschkin-Gesellschaft. Bd. 3. Bonn 1996.

Briggs, A. D. P.: Alexander Pushkin. A Critical Study. London [u. a.] 1983.

Busch, Ulrich: Puschkin. Leben und Werk. München 1989.

Čerejskij, Lazar': Sovremenniki Puškina. Moskau / St. Petersburg 1999.

Červeňák, Andrej: A. S. Puškin. Človek a básnik. Martin 1989.

Chudinov, Valerija: Tajnopis' v risunkach A. S. Puškina. Moskau 2007.

Danilevskij, Rostislav: Puškin i Gëte. St. Petersburg 1999.

Davydov, Aleksej: »Duchovnoj žaždoju tomim«. A. S. Pushkin i stanovlenie »sredinnoj« kul'tury v Rossii. Novosibirsk 2001.

Doldobanov, Georgij (Hrsg.): Chronika žizni i tvorčestva A. S. Puškina. 3 Bde. Moskau 2001.

Driver, Sam: Puškin: Literature and Social Ideas. New York 1929.

Es'kova, Natal'ja: Chorošo li my znaem Puškina? Moskau 1999.

Ėtkind, Efim: Simmetričeskie kompozicii u Puškina. Paris 1988.

Fateeva, Natal'ja (Hrsg.): Puškin i poėtičeskij jazyk XX veka. Moskau 1999.

Galster, Bogdan (Red.): O Poetyce Aleksandra Puszkina. Materiały z sesji naukowej (UAM – 6 i 7 XII 1974). Universytet im. Adama Mickiewicza. Poznań 1975.

Gasparov, Boris: Poėtičeskij jazyk Puškina kak fakt istorii russkogo literaturnogo jazyka. St. Petersburg 1999. – Auch: Wiener Slawistischer Almanach. Sonderband 27. Wien 1992.

Geier, Swetlana (Hrsg.): Puschkin zu Ehren. Von russischer Literatur. Zürich 1999.

Jur'eva, Irina: Puškin i christianstvo. Moskau 1999.
Keil, Rolf-Dietrich: Puškin- und Gogol'-Studien. Köln/Weimar/Wien 2011.
– Puschkin. Ein Dichterleben. Biographie. Frankfurt a. M. 1999.
Kern, Anna: Vospominanija o Puškine. Hrsg. von Arkadij Gordin. Moskau 1987.
Kibal'nik, Sergej: Chudožestvennaja filosofija Puškina. St. Petersburg 1998.
Koševel, Vjačeslav: Puškin: istorija i predanie. St. Petersburg 2000.
Lange-Brachmann, Ute (Hrsg.): Alexander Puschkin. Baden-Baden 1998.
Lauer, Reinhard: Aleksandr Puškin. Eine Biographie. München 2006.
Legendy i mify o Pushkine. (Red.: Marija Virolajnen.) St. Petersburg 1999.
Letopis' žizni i tvorčestva Aleksandra Puškina. Bd. 1: 1799–1826. Hrsg. von Mstislav Cjavlovskij. [Zuerst Moskau 1951.] Bd. 2–4 hrsg. von Nadežda Tarchova [u. a.]. Moskau 1999.
Lirika A. S. Puškina. Kommentarij k odnomu stichotvoreniju. (Red.: Natal'ja Michajlova.) Moskau 2006.
Lotman, Jurij: Alexander Puschkin. Übers. von Beate Petras. Leipzig 1989.
Menšutina, Ol'ga / Balychina, Tat'jana / Šaklein, Viktor: Naš Puškin. Moskau 1998.
Mokienko, Valerij / Sidorenko, Konstantin: Slovar' krylatych vyraženij Puškina. St. Petersburg 1999.
Mur'janov, Michail: Puškin i Germanija. Moskau 1999.
Naumov, V. / Šokarev, Sergej (Hrsg.): Poėt, Rossija i cari. [Dnevniki i vospominanija A. S. Puškina i ego sovremennikov.] Moskau 1999.
Nebol'sin, Sergej: Puškin i evropejskaja tradicija. Moskau 1999.
Nemirovskij, I. V. (Hrsg.): Putevoditel' po Puškinu. St. Petersburg 1997. [Nachdruck von 1931.]
Poėzija A. S. Puškina v pesennikach 1825–1917 gg. i russkom fol'klore. (Red.: Mikaėla Mel'c.) St. Petersburg 2000.
Porojkov, Sergej: Neizvestnyj Puškin. Filosofija pisatelja v svete rannechristianskogo nasledija. Moskau 2002.
Puškin čerez dvesti let. Materialy meždunarodnoj naučnoj konferencii

jubilejnogo (1999) goda. Institut mirovoj literatury Rossijskoj Akademii Nauk. Moskau 2002.
Puškin i ego vremja 1799–1837. Moskau 1997.
Puškinskaja ėnciklopedija 1799–1999. Moskau 1999.
Rothe, Hans: Puškin. Schicksal des Dichters, Wandlungen seiner Dichtung. Paderborn [u. a.] 2008.
Setschkareff, Vsevolod: Geschichte der russischen Literatur im Überblick. Bonn 1949.
Škljarevskij, Igor' (Hrsg.): Krylatye slova i aforizmy A. S. Puškina. Moskau 1999.
Ṭhun, Nyota: Puschkinbilder. Bulgakow, Tynjanow, Platonow, Soschtschenko, Zwetajewa. Berlin/Weimar 1984.
– (Hrsg.): Mein Puschkin. Von Gogol bis Granin. Übers. von Werner Creutziger [u. a.]. Berlin 1986.
Troyat, Henri: Puschkin. Eine Biographie. Übers. von Gertrud Bertsch. München 1959.
Vyslonzil, Elisabeth (Hrsg.): Alexander S. Puschkin und das europäische Geistes- und Kulturleben. Frankfurt a. M. 2003.

Anstelle eines Nachworts

»Etwas Neues über Puškin zu sagen ist schwer, fast unmöglich.«[1] Literaturwissenschaftler in aller Welt, aber natürlich vor allem in Russland, haben sich mit Puškins Leben und Schaffen in all seinen Facetten auseinandergesetzt. Russische Schriftsteller aller Nachfolgegenerationen kamen und kommen nicht vorbei an ihrem unerreichbaren Nationaldichter; viele bekennen sich ausdrücklich zu ihm als Lehrer und Inspirator. Wie die große Lyrikerin Marina Cvetaeva nennen manche ihn »mein Puškin« und drücken damit aus, dass sie wie jeder andere einen ganz persönlichen Zugang zu jenem Menschen und Dichter haben, den in Russland jeder kennt.[2]

Man frage einen beliebigen gebildeten Russen nach Puškin, und es werden unverzüglich einige seiner bedeutendsten Werke aufgezählt (*Ruslan und Ljudmila*, *Der eherne Reiter*, *Der Gefangene im Kaukasus*, *Das Märchen vom Zaren Saltan* u. a.) und nicht selten lange Passagen oder Gedichte rezitiert. Davon bleiben auch viele ausländische Besucher Russlands nicht unberührt: So konnte eine von uns auf Puškin angesprochene Chemikerin, die ein Jahr in Russland studiert hat, auf Anhieb das berühmte Liebesgedicht »Ja pomnju čudnoe mgnoven'e« (»Ich gedenke eines wunderbaren Augenblicks«) aufsagen.

Insgesamt war und ist Puškins Rezeption im deutschsprachigen Raum dagegen eher zurückhaltend. Er stand »trotz einflußreicher Fürsprecher wie Thomas Mann […] bei uns immer

1 Andrej Červeňák, *A. S. Puškin. Človek a básnik*, Martin 1989, S. 5.

2 Was nicht heißt, dass er auch von allen als der größte Russe angesehen wird: In einer 2008 von dem Fernsehsender »Telekanal Rossija« durchgeführten Umfrage ›landete‹ Puškin nach dem Schwedenbesieger Aleksandr Nevskij, dem Staatsmann Petr Stolypin und dem Diktator Iosif Stalin nur auf Platz vier (laut Klett-Lehrbuch *Дальше! Russisch Oberstufe*, Stuttgart 2012, S. 39).

im Schatten der großen russischen Romanciers wie Tolstoj und Dostojewski.«[3] Nicht selten und wohl zu Recht wird dafür die Sprache ins Feld geführt. Russisch war und ist eine der in Mitteleuropa seltener gelernten Sprachen. Daher sind deutschsprachige Leser meist auf Übersetzungen angewiesen. So gut deren Qualität immer sein mag – die wahre Kraft der erneuerten russischen Literatursprache offenbart sich darin nicht.

Die vorliegende Ausgabe möchte deutschsprachigen Lesern, die sich Kenntnisse des Russischen erworben haben, den originalen Puškin in einer kleinen Sammlung seiner Liebesgedichte zugänglich machen.

Hören wir zum Schluss noch einmal den Dichter selbst zu dem für ihn so existentiellen Thema – mit drei Sentenzen, die im Russischen zu geflügelten Worten geworden sind:

»Болезнь любви неизлечима« – »Der Liebe Krankheit ist unheilbar«

(aus dem Gedicht »Nadpis' na stene bol'nicy« – »Aufschrift an der Wand eines Krankenhauses«, 1817)

»И сердце вновь горит и любит – оттого, что не любить оно не может« – »Und 's Herz, es brennt und liebt erneut – weil *nicht* zu lieben 's nicht vermag«

(aus dem Gedicht »Na cholmach Gruzii ležit nočnaja mgla«; s. S. 87)

»Любви все возрасты покорны« – »Der Lieb' sind alle Alter hörig«

(aus dem Versepos *Evgenij Onegin*, 1823–31)

3 Joachim Bässmann in: *Die Welt*, 8. Juni 1999 (http://www.welt.de/print-welt/article573256/Der-Klassiker-den-die-Deutschen-noch-entdecken-muessen.html).

Die Herausgeber möchten ihren russischen Freunden, insbesondere Frau Ksenya Prokopyeva-Springer, für wertvolle literarische und sprachliche Hinweise danken. Ganz herzlich danken wir auch unserem Sohn Dr. Felix Berthelmann für die penible Korrekturlesung und die elektronische Erstellung der Russlandkarte.

Gundela und Rainer Berthelmann

Fremdsprachentexte Russisch

Михаил Булгаков:
Собачье сердце
Michail Bulgakov:
Hundeherz
Hrsg.: W. Schriek
251 S. | UB 19837

Михаил Булгаков:
Мастер и Маргарита
Сокращённое издание
Michail Bulgakov:
Der Meister und Margarita
Gekürzte Ausgabe
Hrsg.: W. Schriek
349 S. | UB 19892

Даниил Хармс:
Проза, стихи, пьесы
Daniil Charms:
Prosa, Gedichte, Stücke
Hrsg.: W. Schriek
260 S. | UB 19883

Антон Чехов:
Дама с собачкой.
Три рассказа
Anton Čechov:
Die Dame mit dem Hündchen. Drei Erzählungen
Hrsg.: M. Schneider
86 S. | UB 19817

Антон Чехов:
Вишнёвый сад
Anton Čechov:
Der Kirschgarten
Hrsg.: W. Schriek
128 S. | UB 19797

Антон Чехов:
Три сестры
Anton Čechov:
Drei Schwestern
Hrsg. W. Schriek
152 S. | UB 19858
(auch als E-Book)

Фёдор Достоевский:
Игрок
Fëdor Dostoevskij:
Der Spieler
Hrsg.: G. u. R. Berthelmann
255 S. | UB 19806

Фёдор Достоевский:
Великий инквизитор
Fëdor Dostoevskij:
Der Großinquisitor
Hrsg.: W. Schriek
102 S. | UB 19862

Николай Гоголь:
Нос
Nikolaj Gogol':
Die Nase
Hrsg.: G. u. R. Berthelmann
79 S. | UB 19787

Николай Гоголь:
Ревизор
Nikolaj Gogol':
Der Revisor
Hrsg.: G. u. R. Berthelmann
180 S. | UB 19836

Николай Гоголь:
Шинель
Nikolaj Gogol':
Der Mantel
Hrsg.: G. u. R. Berthelmann
88 S. | UB 19851
(auch als E-Book)

Владимир Набоков:
Три рассказа
Vladimir Nabokov:
Drei Erzählungen
Hrsg.: R. Müller-Schmitt
95 S. | UB 19786

Александр Пушкин:
Пиковая дама
Aleksandr Puškin:
Pique Dame
Hrsg.: W. Schriek
84 S. | UB 19808

Александр Пушкин:
Стихи о любви
Aleksandr Puškin:
Gedichte über die Liebe
Hrsg.: G. u. R. Berthelmann
132 S. | UB 19890

Эльдар Рязанов /
Эмиль Брагинский:
Ирония судьбы
или С лёгким паром!
Ėl'dar Rjazanov /
Ėmil' Braginskij:
Ironie des Schicksals
Hrsg.: R. Müller-Schmitt
u. M. Schifrina
188 S. | UB 19856

Лев Толстой:
Смерть Ивана Ильича
Lev Tolstoj:
Der Tod des Ivan Il'ič
Hrsg.: M. Schneider
114 S. | UB 19839

Про любовь.
Шесть современных
рассказов
Über die Liebe.
Sechs moderne Erzählungen
Hrsg.: G. u. R. Berthelmann
156 S. | UB 19865